खड़ूस

खड़ूस

अशोक मिश्रा

वाणी प्रकाशन

प्रकाशन के उत्कृष्टतम 63 वर्ष

vaniprakashan.com

सजिल्द पहला संस्करण : 2026

वाणी प्रकाशन

4695, 21-ए, दरियागंज, नयी दिल्ली-110 002

फ़ोन : + 91 11 23273167, 23275710

शाखाएँ

अशोक राजपथ, पटना-800 004, बिहार

कॉफ़ी हाउस कैम्पस, महात्मा गांधी मार्ग, प्रयागराज-211 001, उत्तर प्रदेश

महात्मा गांधी अन्तरराष्ट्रीय हिन्दी विश्वविद्यालय, वर्धा-442 001, महाराष्ट्र

sales@vaniprakashan.in

vaniprakashan@gmail.com

Khadoos

by Ashok Mishra

ISBN : 978-93-7348-147-0

Play

मूल्य : ₹ 299

आर. टेक ऑफ़सेट, दिल्ली-110 032 में मुद्रित

वाणी प्रकाशन का लोगो मक़बूल फ़िदा हुसैन की कूची से

समर्पण

प्यारी अप्पी दीदी, कुमुद दीदी और सुधा दीदी को समर्पित...

प्रस्तावना

अशोक मिश्रा को पहली बार अस्सी के दशक के मध्य में जाना, जब वे श्याम बेनेगल के महत्त्वाकांक्षी टीवी धारावाहिक 'भारत एक खोज' की लेखन टीम से जुड़े। तब वे शहर में नये और थोड़े संकोची थे, लेकिन उनकी प्रतिभा और उनका सहज हास्य हमारे लम्बे लेखन व चर्चा सत्रों में जान फूँक देते थे। जल्द ही वो टीम के एक बहुमूल्य सदस्य बन गये।

हमारे बीच एक समानता थी–दोनों की थियेटर से रिश्तेदारी। वे राष्ट्रीय नाट्य विद्यालय से और मैं मुम्बई के सत्यदेव दुबे रंगमंच से। इसी वजह से उन्होंने मेरे कुछ थियेटर प्रोजेक्ट्स में लेखन सहयोग किया।

'भारत एक खोज' के बाद भी श्याम बेनेगल से उनका जुड़ाव बना रहा, जिससे उन्हें पहचान और राष्ट्रीय पुरस्कार भी मिले। थियेटर के प्रति उनका विश्वास और लगन लगातार क़ायम रहा–मुख्यतः एक लेखक के रूप में, लेकिन कभी-कभी निर्देशक के रूप में भी। जब भी सम्भव होता, वे मेरे साथ अपना लिखा काम उदारता से साझा करते हैं।

मैंने हमेशा उनकी यात्रा को गर्व और प्रशंसा से देखा है। अशोक की आम आदमी के प्रति गहरी संवेदना, उनका बेहतरीन हास्यबोध, जन-सामान्य से संवाद स्थापित करने की उनकी चाहत और एक बेहतर समानता पर आधारित संसार पर उनका विश्वास–ये सारे गुण उनके लिखे सिनेमा, टेलीविज़न और थियेटर में किये गये अद्भुत कार्यों में स्पष्ट झलकते हैं। इस उत्तर-आधुनिक युग में, जहाँ सब कुछ व्यक्तिगत दृष्टिकोण और 'स्व' के इर्द-गिर्द केन्द्रित है, अशोक का दुनियावी नज़रिया कला और समाज के बीच गहरे सम्बन्ध पर ज़ोर देता है।

चलिए, अब उनके इस नाटक 'खड़ूस' पर नज़र डालें। एक मेहनतकश मुस्लिम तबके की पृष्ठभूमि में बुना गया यह नाटक, उनकी कहानी कहता है जिनकी ज़िन्दगियाँ हालात, जज़्बातों और पारिवारिक रिश्तों से गहरे जुड़ी हैं। ये मामूली लोग, जो वर्ग, लिंग और धर्म के आधार पर हाशिये पर ढकेल दिये गये हैं, अपने जीवन में प्रेम, स्थिरता और उम्मीद तलाशते हुए असाधारण संघर्ष करते दिखते हैं। यह नाटक एक दस्तावेज़ भी है और तगड़ा प्रतिरोध भी–यह हमें बताता है कि अरे भाई, इन ज़िन्दगियों का भी महत्त्व है, इन्हें भी देखा-सुना जाना चाहिए, न कि प्रभावशाली विमर्श में इन्हें झाड़-पोंछ दिया या तोड़ा-मरोड़ा जाये। व्यक्तियों के निजी संघर्ष एक बड़े समुदाय के हालात के 'मेटाफ़र' बन जाते हैं जिसमें उनकी निजता और मुहब्बत का मौलिक मानवीय अधिकार भी राजनैतिक हो जाता है।

यहाँ न तो कोई गिलगिली रूमानियत है, न ही पीड़ित के लिए छिछले क़िस्म का दया भाव। अशोक ऐसे पात्र रचते हैं जो भरे-पूरे और वास्तविक लगते हैं–वो जटिल हैं, ख़ामियों-ख़ूबियों से लबालब और विरोधाभासी, मतलब पूरी तरह मानवीय। नाटक की मज़ेदार दक्खिनी बोली और उसका परिवेश भी सशक्त चरित्र बन जाते हैं–जो मुख्य धारा से खदेड़ दिये, बेदख़ल कर दिये जाने को ही नहीं, आत्मीयता, भूली-बिसरी यादों और एकजुटता को भी दर्शाते हैं। इनके इर्द-गिर्द मौजूद है एक बड़ी दुनिया जो चाहतों, उम्मीदों और एक अजीब-सी अनिश्चितता की नुमाइन्दगी करती है।

अशोक की शैली में एक शालीन क़िस्म का हास्य और व्यंग्य होता है, वह इस नाटक में भी आदि से अन्त तक मौजूद है जो हमें लेखक और पात्रों-दोनों के क़रीब ले जाता है।

मैं इस नाटक को पाठकों के लिए प्रस्तावित करते हुए सम्मानित महसूस कर रहा हूँ। यक़ीनन 'खड़ूस' से गुज़रना आपके लिए भी उतना ही रोचक अनुभव होगा, जितना मेरे लिए रहा। लेकिन नाटकों का असली जीवन मंच पर उतरने में ही है। मैं इस नाटक के सफल मंचन और दर्शकों के साथ इसकी लम्बी यात्रा की कामना करता हूँ।

–सुनील शानबाग

(संगीत नाटक अकादमी पुरस्कार से सम्मानित,
सुप्रसिद्ध नाट्य निर्देशक, लेखक और अभिनेता हैं।)

नाटक के बारे में...!

'खड़ूस' विशेषण को ठीक-ठीक परिभाषित करना मुश्किल है। कुछ शब्दों में कहें तो किसी झुँझलाए, चिड़चिड़ाए,, दुनिया जहाँ से और उससे ज़्यादा ख़ुद से नाराज़ इन्सान को हम 'खड़ूस' कह देते हैं।

प्रस्तुत नाटक में कोई बड़ी नाटकीयता नहीं बल्कि रोज़मर्रा की छोटी-छोटी घटनाएँ हैं जो समग्रता में एक बड़ा नाटकीय अनुभव पैदा करती हैं। कहने को तो यह एक प्रेम कहानी है मगर वैसी रसीली नहीं जैसा कि प्रेम कहानियों से उम्मीद की जाती है। नाटक का नायक कभी अपने प्रेम का ज़िक्र नहीं करता और नायिका मुस्कान तो कभी मंच पर आती ही नहीं। उनकी मोहब्बतें सतह पर कम दिल की गहराइयों में ज़्यादा बिखरी हुई हैं। पात्र बिना शोर मचाये अपनी ज़िन्दगी को बदलने की दिशा में बड़े क़दम उठाते हैं।

चाहे मैं फ़िल्म लिखूँ, नाटक या कविता-कहानियाँ मेरी रचनाओं में ज़्यादातर निम्न वर्ग के लोग आते हैं जैसे—कार-ड्राइवर, सब्ज़ी बेचने वाला, कुम्हारिन, किन्नर, बीड़ी या अगरबत्ती बनाने वाले, पनवाड़ी आदि। मुझे लगता है इस वर्ग के जीवन में गहराई से झाँकने और उनके सुख-दुःख में शरीक़ होने की सतत ज़रूरत है। 'खड़ूस' में इस बार मैंने एक दर्ज़ी परिवार के चरित्रों को प्रेम के झरोखे से झाँकते हुए पकड़ा है।

'खड़ूस' के संसार में खट...खट...खटर-पटर चलती सिलाई मशीन, बार-बार टूटता धागा, ग़म ग़लत करने की कोशिश में पी जाने वाली शराब, बीड़ी का धुआँ, फटी हुई फ्राकें, बिना बाँह लगा कोट, ईद का त्योहार सब मिलजुल कर एक घटाटोप सा रचते हैं जिसमें डूबने के लिए नाटक के पात्र विवश हैं मगर उनके दिलों में निराशा के भाव नहीं, कुछ शुभ होने की आस

है। अपने सीमित दायरे में ये मामूली लोग चुपचाप कुछ बदलाव लाने की कोशिश करते नज़र आते हैं। ये समाज की वो इकाइयाँ हैं जिन्हें 'जो है उससे बेहतर चाहिए!'

नाटक का प्रारूप आसान-सा है, कुछ फ़्लैश बैक आते-जाते रहते हैं, कुछ स्पॉट लाइट जलती-बुझती रहती हैं। एक-दो छोटे गीत हैं, क़व्वालियाँ हैं जो नाटक में कभी ख़ुशी तो कभी ग़म के रंग भरते हैं। एक ही सेट है, जो कम ख़र्च और ज़्यादा कल्पनाशीलता की माँग करता है। पाँच पात्र ही प्रमुख हैं बाक़ी छोटे चरित्र हैं जिन्हें दो अभिनेता रूप और अभिनय का अन्दाज़ बदल-बदल कर पेश कर सकते हैं। दो नटखट बच्चियाँ भी हैं। मुझे लगता है बच्चों के होने से नाटक को नया आयाम, भाव संसार और अनोखा रस मिलता है साथ ही भविष्य के लिए रंगकर्मी तैयार होते हैं।

सिनेमा हो या नाटक, मैंने ज़्यादातर लेखन हिन्दी की सहयोगी बोलियों में किया है। राजस्थानी, बघेली, बुन्देलखंडी मुझे अपनी खनक, चमक और धमक के कारण आकर्षित करती रही हैं। बोलियों में मुहावरे, लोकोक्तियाँ और अभिव्यक्ति की निराली छटाएँ मिलती हैं। 'खड़ूस' की भाषा दक्खिनी (हैदराबादी) है जो रसीली है, हास्य और व्यंग्य के लिए सर्वथा मुफ़ीद। इस बोली से मेरा परिचय सुप्रसिद्ध निर्देशक श्याम बेनेगल ने कराया। मैंने उनकी फ़िल्म 'वेलडन अब्बा' इसी ज़ुबान में लिखी। 'खड़ूस' की बोली को सँवारने में कनाडा में जा बसे मेरे हैदराबादी मित्र चरणजीत सलूजा, बेंगलुरु की लेखिका लक्ष्मी कुलकर्णी और उर्दू की जानकार आसिफ़ा कायनात शुभंकर व ईवान ने मदद की। उन्हें धन्यवाद।

पत्नी सीमा, बेटे यशोवर्धन और बहू नियति मेरी रचनाओं के पहले पाठक होते हैं। उनकी बेबाक़ टिप्पणियों ने नाटक को बेहतर बनाने में मदद की। वाणी प्रकाशन की अदिति माहेश्वरी का आभार जिन्होंने इसे पढ़ा और प्रकाशन के लिए हामी भरी। आभार प्रयोगशील नाट्य निर्देशक सुनील शानबाग का जिन्होंने व्यस्तता के बावजूद 'खड़ूस' की प्रस्तावना लिखी।

हिन्दी में नाटक कम लिखे जाते हैं अगर 'खड़ूस' इस कमी को थोड़ा-सा भी पूरा कर सके तो मुझे ख़ुशी होगी।

–अशोक मिश्रा

पात्र-परिचय

1. दर्ज़ी : अरमान अली (30 साल)
2. राशिदा : अरमान की अम्मी (50 साल)
3. क़ुर्बान अली : अरमान का छोटा भाई (22 साल)
4. बैंक मैनेजर (45 साल)
5. कल्लन ख़ां : पोलिसवाला (55 साल)
6. उल्फ़त : एक और दर्ज़ी (40 साल)
7. मैथ टीचर (50 साल)
8. सलमा : राशिदा की सहेली (45 साल)
9. समायरा : सलमा की नवासी (10 साल)
10. आलिया : सलमा की छोटी नवासी (8 साल)

खड़ूस

(दक्खिनी बोली में एक हास्य-व्यंग्य नाटक)

दृश्य एक

हैदराबाद के पास कोई क़स्बा। अरमान दर्ज़ी का घर। दिन / अन्दर।

घर के अन्दर ही "**अल्लाह की मर्ज़ी दर्ज़ी!**" नामक दुकान है। हैंगर और रस्सी पर सिले-अनसिले कपड़े टँगे हैं, और एक कोट टँगा है जिसकी बाँहें अभी नहीं लगायी गयी हैं। दो-तीन मूढ़े, एक लाल प्लास्टिक की पुरानी कुर्सी रखी है जिसका एक पाँव कभी भी टूट सकता है। दूसरे हिस्से में पानी का घड़ा-गिलास है, एक चटाई बिछी हुई है।
कपड़ों की रंग-बिरंगी कतरनें आशिक़ के टूटे दिल की तरह बिखरी हुई हैं। एक सिलाई मशीन रखी है जहाँ बनियान-पाजामा पहने खड़ा अरमान अली हाथ में झाड़न लिए सफ़ाई करता खड़ा है।
ख़ुदा गवाह! इस घर में ख़ुशी के मौक़े कम, चिड़चिड़ के ज़्यादा आते हैं वजह, घर में रहने वाले सभी लोग थोड़े खिसके दिमाग़ के हैं। वहीं रखे रेडियो पर क़व्वाली बज रही है–

मेरे अल्ला मेरे मालिक
मेरे मौला मेरे दाता
मैं हूँ ख़ुद से लापता

मुझे बतला मेरा पता।
मेरे अल्ला, मेरे मालिक...!

(अरमान अली मशीन पर बैठता है। अल्लाह से दुआ माँग सिलाई शुरू करता है। मशीन का धागा टूट जाता है। अनहोनी के अन्देशे से अरमान सहमता है।)

अरमान : बिस्मिल्लाह कहा नहीं कि धागा-इच टूट गया!
(धागा डालने लगता है। गीत आगे बढ़ता है।)

ख़्वाहिश नहीं ज़ियादा
अरमान बहुत कम
मेरी अर्ज़ सुन ले आक़ा
कर मुझ पे कुछ करम!

(धागा डाल कर मशीन चलाता है। गीत आगे बढ़ता है।)

किस-किस से मैं लड़ा हूँ
गदहे सा मैं पिटा हूँ
सिर को झुकाये डर से
बकरे सा मैं खड़ा हूँ!
तेरे दर पे सिर नवाता
तेरी नज़्म मैं हूँ गाता
मेरे अल्ला मेरे मालिक
मेरे मौला मेरे दाता!...!

(धागा फिर टूट जाता है। अरमान झल्लाया-सा रेडियो बन्द करता है। बड़बड़ाता है।)

अरमान : एकदम सड़ियल धागा दिया उने! बोर्ड ये बड़ा लगा के रखा, **"बालाजी टेलरिंग मिटीरियल शॉप!"** नीचे लिखते, **"हँसना है तो हमारे कने आने का, रोना है तो भाड़ में जाने का!"**...चालीस रुपये रील का धागा, एक मिनट में चालीस दफ़े टूटता, वैसे-इच जैसे मेरी क़िस्मत! *(ऊँची*

आवाज़ में) अम्मी क़ुर्बान कू भेजो, नयी रील मँगवानी है। *(कोई जवाब नहीं आता। अरमान झल्ला कर)*

बोले तो...सब बहरे हो गये क्या इस घर में?...अबे क़ुर्बान! सो रा क्या बे!...सियासी दाँव-पेंचों की वजह से यहाँ लोग, कुत्ते जैसी नींद सोते कि न जाने कब-कहाँ, किधर से मंजीरे बजने लगें, गोली-गाली, पत्थरों की बारिश होने लगे और ये साहबज़ादे 24 घंटे में 25 घंटे सोते-इच रहते।...अबे उठ जा वरना आके सुई टोंचता पिछवाड़े पे।

(अन्दर से अम्मी हाथ में पीकदान लिए, मुँह में पान दबाये आती है।)

अम्मी : *(ग़ुस्से से)* काय कू पुकार-रा इत्ता? उने तो कब का उठ गया।

अरमान : *(झल्ला कर)* उठ गया तो जवाब क्यूँ नई दे-रा? मुँह में दही जमा रखा क्या?

अम्मी : अरे दिमाग़ के बैगन! कोई रहिंगा तो-इच बोलिंगा न...सुबे-सुबे निकल गया उने...

अरमान : निकल गया...किदर निकल गया उने? पोट्टियों को लाइन मारने?

अम्मी : जब देखो उसके पीछे-इच पड़े रहता तू! उने मस्जिद गया, मस्जिद!

अरमान : (चौंक कर) मस्जिद!...मस्जिद से उसका क्या वास्ता? अल्लाह से क्या रिश्ता?

अम्मी : पूरी बात भी सुनिंगा!...आज जुम्मा है न। बोल-रा था...

अन्धकार

चिड़ियों की चहचहाहट

फ़्लैश बैक

एक स्पॉट लाइट में बढ़िया छींटदार शर्ट और जींस पैंट पहने, काला चश्मा लगाये क़ुर्बान अली नज़र आता है।

क़ुर्बान : *(धीमी आवाज़ में फुसफुसा के)* अम्मी, वो अम्मी!!

(अम्मी आती है।)

क़ुर्बान : भाई जान सो रे क्या? या सोने और जागने के बीच किसी ख़्वाब में अटके मुस्का रये हैं?

अम्मी : घोड़े-गधे बेच के सो रा उने! कल रात भर शादी वालों का काम कर रा था। *(उसे ग़ौर से देखते हुए)* हें!...मगर तू ऐसे हीरो बनके, इतर-वित्तर लगा के, तशरीफ़ का टोकरा किदर कू ले जा रा?

क़ुर्बान : क्या बताऊँ अम्मी!...आजकल मेरे दिल की धड़कनां ज़ोरों से 'धकधक...धकाधक...' चलते!...फिर लगता एकदम से रुक गये। दिल-दिमाग़, हाथ-पाँव सब सुन्न पड़ जाते! नज़रों के आगे घुप्प अँधेरा।

अम्मी : *(घबराई सी)* या अल्लाह! ये तो अच्छा नक्को रे क़ुर्बान! लगता है किसी की नज़र लगी तेरे कू! मैं अब्भिच मिर्ची जला के नज़र उतारती!

क़ुर्बान : ज़रूरत नक्को अम्मी! जहाँगीर फ़कीर से बात करी मैंने। तीन झाड़ू मार के बोला, 'औंडे-बौंडे, दर्ज़ी के लौंडे! चार जुम्मा, मस्जिद में ज़कात बाँट। बेचैन दिल को क़रार मिलेंगा।'...उसके बाद, कन्फ़र्म करने के वास्ते, वो अपना तोता पंडित है न...मैं उसके कने जा के पाँच का सिक्का दिया, तोते से लिफ़ाफ़ा उठवाया, तो उसमें भी एईच लिखा था...'दान कर...भूखे लोगां को खाना खिला! इन तोतों के लिए महीने भर के दाने का इन्तज़ाम कर...बाद इसके तेरी क़िस्मत गुलज़ार होगी, गू छुएँगा तो सोना बनेंगा!'

अम्मी : ऐसा बोले वो...?

क़ुर्बान : हाँ...! फिर बोले उपाय करेंगा तो तेरे कू क़ामयाबी-इच, क़ामयाबी...ज़िन्दगी के हर इम्तहान में पास होएँगा!

अम्मी : इंटर के इम्तहान में भी?

क़ुर्बान : जी! इंटरमीडिएट, ग्रेजुएट, पोस्ट ग्रेजुएट—सब में गोल्ड मेडिल ले के पास होएँगा—ऐसा बोले वो!

अम्मी : शुकर अदा करती मैं उस इल्मी फ़क़ीर, ज्ञानी-ध्यानी पंडित और उसके रौशन दिमाग़ तोतों का! तू इंटर पास हो जा। अरमान और तेरा निकाह हो जाये। घर में नाती-पोते खेलने लगें, वो भी पढ़-लिख के साहब बना जायें तो दोनों नजूमियों, ज्योतिषियों को बालूशाही से तौलूँगी! तोतों के मुँह पे हरी-लाल मिर्च के झोले उलटूँगी!

क़ुर्बान : वाह अम्मी वाह! मतलब तुम कम से कम पचीस-तीस साल बाद मन्नत पूरी करोगी! मगर मुझे थोड़ी जल्दी है।...अब मसला ये है कि उनकी दुआओं और मेरी क़ामयाबी के बीच एक अड़चन है...*(ख़ामोशी।)*

अम्मी : बोलेंगा?

क़ुर्बान : ...तुम तो जानती हो, भाईजान ख़र्चे के लिए हर महीने 250 रुपल्ली देते... उत्ता तो सेलून वाला 'हिप-हॉप' कटिंग के ले लेता। अब किदर से ज़कात बाँटूँ, और किदर से उन पाक तोतों को चना खिलाऊँ ?...आज अब्बा होते तो जो माँगता सीना फाड़ के देते!...

(सुबकने सा लगता है।)

अम्मी : अच्छा...मेरे दुलारे! आँखें गीली नक्को कर!...जा निकाल ले अरमान की दराज़ से!

(क़ुर्बान ख़ुशी से अम्मी को चूमता है। स्पॉट लाइट बन्द होती है।)

फ़्लैश बैक ख़त्म होता है।

मंच पर अन्धकार / कुछ संगीत / फिर पहले सा प्रकाश।

(अरमान भाग कर अपनी सिलाई मशीन की दराज़ देखता है। कुछ नोट पड़े हैं।)

अरमान : कित्ते पैसे ले के गया क़ुर्बान मेरी दराज़ से?

अम्मी : दो सौ माँग रा था मैं बोली ढाई सौ ले ले!...

अरमान : कल ईच मैं नौ सौ पिच्चानवे रुपये रखा! अरे वो ढाई नहीं तीन सौ रुपये ले गया...नामाकूल! हरामख़ोर।

अम्मी : फिर से गिन! तू दो सौ के नोट को बीस का और बीस के नोट को दो सौ का समझ-रा होंगा।!

अरमान : *(फिर नोट गिनने लगता है।)* कुछ भी हो अम्मी तुम उसकू बिगाड़ रइ हो!

अम्मी : ...ये बता, तू मदरसे में कित्ती जमात पास करा रे?

अरमान : चार जमात...

अम्मी : और मैं?

अरमान : आप ने तो मदरसे की शकल ही नइ देखी।

अम्मी : नइ देखी फिर भी मेरे कू मालूम...इस दुनिया में कोई माई का लाल, कोई बादशाह, कोई शेरशाह न किसी को बिगाड़ता न बनाता। लोग सिर्फ़ अपने कारनामों से बनते-बिगड़ते।

अरमान : मेरे कू लगता आप के ऊपर का 'पोर्शन' ख़ाली हो गया है अम्मी!

(अम्मी के सिर की तरफ़ इशारा)

अम्मी : मेरा नइ तेरा...तेरा! जाहिल इन्सान...मैं कहती, अब भी कुछ नई बिगड़ा। बीती बातों को कलेजे से चिपकाये, मशीन घुमाता कब तलक बैठेंगा! देर नई हुई है। निकाह कर ले! चूड़ी वाली चमकीली, अपनी लौंडिया भड़कीली के लिए तेरा हाथ माँग रई है।

अरमान : *(चिड़चिड़ा कर)* फिर वोई बात। निकाह! निकाह! सास बनने का इत्ता ही शौक़ चढ़ा तुमकू तो क़ुर्बान के लिए पोट्टी ढूँढ़ो। दिन भर आवारगर्दी और रात भर मोबाइल पे आशिक़ी...घड़ी-घड़ी मेसेज आते टन्न टन्न...टुन्न-टुन्न!

अम्मी : तो तेरे को कौन रोकता! तू भी टुन-टुनाया कर! आजकल तो ये सब धड़ल्ले से हो रहा मोबाइल पे! अपनी पसन्द से किसी को ढूँढ़ सकता।

अरमान : *(डपट कर)* जब मेरा दिल नहीं है तो निकाह से क्या होंगा? किसी कू तुम बहू बना के ले भी आयीं तो, ज़िन्दगी भर एक कोने में बैठ के मैं, दूसरे कोने में बैठ के वो और तीसरे कोने में तुम, रोते-ईच रहेंगे सब।

अम्मी : ये भी तो हो सकता है के तू उसके हाथों में मेंहदी लगाये और वो तेरे दिल में प्यार का मलहम!...और मैं ख़ुशी से इठलाती फिरूँ कि मेरी बहू के जादू से मेरा खड़ूस बेटा लाइन पे आ गया!

अरमान : अब फिर आप निकाह-निकाह बोलीं तो देखना मैं क्या करता...!

अम्मी : ...क्या करता रे तू?

अरमान : मैं सरकार से दरख़वास्त करेंगा कि...ये...ये मेरी अम्मी... मेरे अब्बा की पहली बीवी, सटक गयी है! खड़ूस हो गयी, इसकी वजह से अब्बा को अपना पाँव गँवाना पड़ा! इस-कू महीना-पंदरा दिन के वास्ते सलाख़ों के पीछे डालो ताकि इसकी अक़्ल ठिकाने आये!

अम्मी : *(छाती पीटती हुई फ़र्श पर लोट-पोट हो जाती है।)* या अल्लाह! मेरे मालिक! और कित्ते बुरे दिन दिखायेंगा! जिस पोट्टे को नौ महीने पेट में पाली, जिसके वास्ते रातों की नींद, दिन का चैन बर्बाद किया वो मुझे जेल भेजना चाहता। मुझे अपने कने बुला ले!...मेरा जनाज़ा उठवा दे!...इने

मेरी क़ब्र खोद रा! ख़ुद नम्बर एक का खड़ूस और मेरे कू बोलता खड़ूस!

(अम्मी छाती पकड़ के ऐसा नाटक करती है मानो साँस ही रुक गयी हो। अरमान घबरा जाता है।)

अरमान : अम्मी! अम्मी! क्या हुआ...उठ भी जाओ!...अरे मैं मज़ाक़ कर रहा था...आप एकदम से सीरियस हो गये!...

(भाग कर शरबत की बोतल उठाता है। मटके से पानी लेकर शरबत घोलता है।)

अरमान : लो आपका पसन्दीदा 'शरबत-ए-गुलाब'

(अम्मी को उठा कर शरबत पिलाता है।)

अम्मी : *(शान्त स्वर में)*...मैं इत्ते दिनों नहीं बोली मगर आज बोलती! तेरा बाप मेरी वजह से नहीं, उस चुड़ैल हमीदा की वजह से लँगड़ा होके मरा था।

अरमान : झूठ बोल रई तुम! छोटा था तो क्या हुआ, मेरे कू अच्छे से याद है। हमीदा अम्मी की तरफ़ तुमने ही क़ैंची सरकाई थी।

अम्मी : हाँ क्योंकि उसने माँगी थी। मुझे लगा कपड़े काटने के लिए माँग रई है। किसे मालूम था कि वो क़ैंची उठा के तेरे अब्बा के पैर पे दे मारेगी!

अरमान : ओह! तो क़ैंची उन्होंने मारी थी, मगर क्यूँ?

अम्मी : क्योंकि तेरे अब्बा ने मेरे आगे उसकू, उसके ख़ानदान की सचाई बता के उनके औक़ात की टोपी उड़ा दी थी।

अरमान : ऐसी कौन सी सचाई बता दी थी अब्बा ने?

(अम्मी ख़ामोश रहती है।)

अरमान : अम्मी बताओ भी। ये हमारे ख़ानदान का मामला है।

अम्मी : छोड़ जाके सिलाई कर!

अरमान : तुम्हें मेरे सर की क़सम!

(अम्मी का हाथ अपने सिर पर रख देता है। अम्मी कुछ देर चुप रहती है फिर ठंडे स्वर में कहती है।)

अम्मी : तो फिर दिल पे हाथ रख कर सुन! तेरी छोटी अम्मी के, क़ुतुबमीनार जैसे लम्बे अब्बा, मियाँ अहसान अंसारी, दिखावे के लिए सौंफ़-सुपाड़ी का व्योपार करते थे मगर उनका असली व्योपार था...

अरमान : बोलो अम्मी?

अम्मी : वो पुरानी मस्जिद की दीवार के पीछे, जुमे की नमाज़ से पहले, कुछ छँटे हुए नौजवानों को जेबकतरी की तालीम दिया करते थे। नमाज़ के बाद कितने ही नमाज़ियों की जेबें कट जातीं। वो जेबकटी की रक़म से हिस्सा लेते थे। लोगों को ब्याज पर उधार देते जो क़ुरान के मुताबिक़ गुनाह है!

अरमान : तौबा!...तौबा! उन्हें अल्ला-ताला का ख़ौफ़ नहीं था क्या?

अम्मी : धेले भर का नहीं! तेरे अब्बा जब निकाह के लिए उनके यहाँ बारात ले के गये तो कई बारातियों ने पाया कि गले मिलने के बहाने उन लोगों ने उनकी ज़ेबें काट ली थीं। मेहर की रक़म लेके गये थे वो भी ग़ायब थी। तब तेरे अब्बा के दोस्तों ने आनन-फ़ानन में, कौड़ियों के दाम अपने बकरे-बकरी बेच के दोबारा मेहर की रक़म जुटाई थी।

अरमान : अब्बा को शादी से इनकार कर देना था।

अम्मी : कैसे इंकार करते! हमीदा के बाप ने निकाह के बाद दुल्हन के साथ तीन नयी सिंगर सिलाई मशीन भेजने का वादा जो किया था।...मगर दी एक सूई तक नहीं।...बस यही सब तेरे अब्बा ने उस रोज़ कह दिया तो उस पत्थर दिल ने ऐसे क़ैंची फेंक कर मारी कि तेरे शुगर के मरीज़ अब्बा की जाँघ में तीन इंच का घाव हो गया। फ़र्ज़ी डिग्री वाले हकीम के इलाज़ से ज़ख़्म में मवाद पड़ गया! पैर सड़ गया, टाँग काटनी पड़ गयी।...

अरमान : आप रुई के फ़ाहे से मवाद साफ़ किया करती थीं इत्ता मुझे याद पड़ता!

अम्मी : तेरे अब्बा और मैंने उससे बात करना बन्द कर दिया। वो भी हमारे मरने-मिटने के लिए सुबो से शाम तक चट-चट उँगलियाँ चटकाती फिरती!

अरमान : फिर...?

अम्मी : फिर क्या एक रोज़ घर की जमा-पूँजी और मेरे गहने-ज़ेवर ले के, टेम्पू ड्राइवर लतीफ़ के साथ भाग गयी कमीनी। तेरे लँगड़े अब्बा और अपनी आवारा औलाद क़ुर्बान को मेरी झोली में फेंक के!

अरमान : *(चौंकता है)* हें!...मतलब क़ुर्बान...आपने कभी एहसास नहीं होने दिया कि वो मेरा सगा नहीं, सौतेला भाई है।

अम्मी : *(अपनी धुन में)*...उनका घाव सड़ गया और एक रोज़, सदमे से कराहते वो भी, मुझे दुश्वारियों के दलदल में फेंक के निकल लिए।

अरमान : ओहो! तुम तो बहुत तकलीफ़ झेले हो अम्मी। ख़ैर कोई बात नहीं, अल्लाह उनको उनके गुनाहों की सज़ा देंगा। और आप भी सब भूल जाओ, ग़मों की गलियों से गुज़रो तो बस ख़ुद की ताक़त ज़ाया होती है। चलो, ग़ुस्सा और पान थूक के शकरपारे खाओ!

(शकरपारे का पैकेट निकाल के देता है। अम्मी पीकदान में पान थूकती है। दोनों शकरपारे खाने लगते हैं।)

अरमान : अच्छा अम्मी, ये बताओ कि ये 'खड़ूस' लफ़्ज़ हमारे घर में कब से आया?

अम्मी : जब तू पेट में था, तब बात-बात में तेरे अब्बा मुझे खड़ूस कहा करते थे। तू पेट से ही खड़ूसी सीख के आया है।

अरमान : ज़ब पेट से ही सीख के आया हूँ तो इसमें मेरी नहीं तुम्हारी और अब्बा की ग़लती मानी जायेगी...! बोले तो, तुम और अब्बा दोनों ही खड़ूस थे।

अम्मी : जो ख़ुद खड़ूस होता है न उसकू सब-इच खड़ूस दिखते! जा मैं तुझसे बात नै करूँगी!

अरमान : चल माफ़ कर दे! तौबा करता हूँ। अब से कभी नई कहूँगा।

अम्मी : क्या?

अरमान : यही कि 'मेरी अम्मी खड़ूस है।'

अम्मी : नालायक पाजी! तूने मुझे फिर खड़ूस कहा।

(झाड़ू उठा उसे मारने दौड़ाती है। अरमान उसे गोद में उठा लेता है।)

अम्मी : अरे छोड़! गिर गयी तो हड्डी चटकेगी!

(दोनों हँसते हैं। अन्धकार/नेपथ्य से बजती है कोई मशहूर क़व्वाली।)

दृश्य दो

दोपहर। अरमान सिलाई मशीन पर बैठा सिलाई उधेड़ रहा है। अम्मी दस्तरख़्वान पर खाना लगाती हैं।

अम्मी : चल आ जा!

(अरमान आता है। दोनों बैठ कर दारू पीते हुए खाने लगते हैं।)

अम्मी : मैं तो तेरे अच्छे के वास्ते बोल रई हूँ। जवानी रहते तेरा निकाह हो जायेंगा तो फ़ायदाइच रहेंगा ना।

अरमान : फ़ायदा! कैसा फ़ायदा? आप कुछ दहेज़-वहेज़ लेने की फ़िराक़ में हो क्या?

अम्मी : अरे हौले *(गाली)*! तेरे जैसे को कौन इत्ती दौलत दे देंगा कि मैं लखपति-करोड़पति बन जाऊँगी! मैं तो सोच रई थी, तेरी जोरू आ जायेगी तो तू एकदम सई हो जायेंगा। तेरा बिना बात के लोगों का दिल दुखाना, सुबो से शाम तक चिड़चिड़ाना, जाँघों के बीच तकिया रख के रात भर नींद में अंट-शंट बड़बड़ाना—सब-इच बंद हो जाइंगा! हमकू भी थोड़ा चैन मिलेंगा!...जोरू के हुस्न-ओ-शबाब में ऐसा डूबेगा कि तेरा इश्क़-ए-शराब और खड़ूसी छूट जायेगी...

(हँसती है।)

अरमान : मेरी शराब की क्या बात कर रये अम्मी...ऊपर वाले ने मुझे इत्ता तो सलीका दिया है कि पानी मिला कर पीयूँ, मगर

आपको तो जब तक शराब सिर चढ़ कर न नाचे, मज़ा-इच नइ आता।...काँपते हाथों से दनदना के ढालती हो और गट-गटागट! फ़िनिश!

(अम्मी हँसती है।)

अरमान : अरे मैं आपके नशे के बारे में बोल रा, आप खिलखिला रये हो!

अम्मी : मुए तू ग़ौर करा कभी!...जब अपन लोगां पी के टुन्न हो जाते...तो मानो मज़े के हुसैन सागर में तैरने लगते!...तू अपनी फटे बाँस सी आवाज़ में गाने लगता है, *(उसका अभिनय करते हुए गाती है)*–'दिल का खिलोना हाय टूट गया। रे हाय टूट गया! कोई लुटेरा आके गदहे का दिल लूट गया!'...*(रुक कर)*...क़ुर्बान चिंदियों की पेटी बजाने लगता है। मैं बेफ़िकर होकर नाचने लगती हूँ। *(गाती हुई नाचती है।)* 'इन्हीं लोगों ने! बकरी चोरों ने!...बकरी चोरों ने ले लीना दुपट्टा मेरा!'...*(रुकती है)*...दीन-दुनिया, बुर्क़ा-ओढ़नी, नक़ाब, हिजाब, ख़िजाब सब भूल जाती मैं।...एक ही बात सोचती...'होने दो जो हो रहा है। चारों तरफ़ बेमानी, ख़ुदगर्ज़ी है...तो वो भी अल्ला की ही मर्ज़ी है...'

अरमान : *(बात काटते हुए)*...मगर उसकी बिल्कुल मर्ज़ी नहीं है कि तुम्हारी जैसी बेवड़ी कू बहू मिले।

अम्मी : *(हँसती है।)* ये क्यों नहीं कहता कि जिस दर्ज़ी की ज़ेब हमेशा फटी रहती है, अल्लाह भी उसके गले किसी की पोट्टी को नहीं बाँधना चाहते।

(हँसती है। अरमान तैश में अपना कुर्ता उठा के अम्मी की तरफ़ फेंकता है)

अरमान : दीदे फाड़ के देखो मेरी ज़ेब दुरुस्त है या फटी हुई!

(अम्मी कुर्ते की जेब में हाथ डालती है। उसमें कुछ नोट हैं।)

अम्मी : हैं...! इत्ते सारे नोट? कोई चूतिया गिराहक सिलाई दे के गया क्या?

अरमान : नहीं, मैं बैंक से निकाला।

अम्मी : काय कू निकाला?

अरमान : बोले तो...उसकू ज़रूरत है।

अम्मी : *(मुस्का कर)* मुस्कान कू? और मुर्गियाँ ख़रीदनी होंगी। सुना है अंडे बेचने लगी है।

अरमान : ...नहीं। बोले तो, वजह बेहद संजीदा है।

अम्मी : *(चौंकती है)*

अम्मी : क्या हुआ?

अरमान : कल मैं उसकी गली से गुज़र रा था...

अम्मी : तो...वो खिड़की पे नहीं दिखी क्या?

अरमान : *(झुँझला कर)* सुनेंगी या बीच में टाँग मारेंगी!...मालूम पड़ा कि उसके शौहर ने उसके नाम पर बैंक से पचहत्तर हज़ार का लोन लिया था।...कल्लन पोलिसवाले को ले के बैंक मैनेजर किश्तें वसूलने आया था। वोईच ठरकी मैनेजर, जो ये बोल के ए.टी.एम., बन्द करा दिया था कि इस मोहल्ले के लोगां चोरां हैं। ए.टी.एम. कू ज़बरदस्त ख़तरा है।...

अन्धकार

फ़्लैश बैक

अजीब सा संगीत / स्पॉट लाइट में **बैंक मैनेजर** और **पोलिसवाला कल्लन** नज़र आते हैं। कल्लन वक़्त-वक़्त पर खजूर खा कर गुठली थूकता जाता है।

बैंक मैनेजर : मुस्कान अली...बीबी रऊफ़ अली! अन्दर है तो बाहर आ!

(कोई हरकत नहीं होती। मैनेजर गरजता है।)

मैनेजर : बैंक का पैसा है तुम्हारे खसम का नहीं, जो हज़म करके डकार भी न मारो! हम 'जन कल्याण बैंक' जनता के कल्याण के वास्ते खोले। तुम्हारी गटर बस्ती में डुबोने कू

नहीं।...सुन ले मुस्कान अली! लोन की दो किश्तें कल तक नहीं पटाईं तो बैंक का ताला लग जाता तुम्हारे घर कू। उसके ऊपर बैंक की सील भी!...

पोलिस वाला कल्लन : *(खजूर की गुठली थूकता है)* हाँ! 'लाख' वाली लाल सील! बाहर से कोई अन्दर न आ सके, अन्दर से कोई बाहर न जा सके!

(नेपथ्य से दो औरतों-बच्चियों के रोने-सिसकने की आवाज़ आती है।)

मैनेजर : आँसुओं से लोन नहीं पटता मुस्कान जान। बाहर आके नोटिस पे साइन करो।

नेपथ्य से एक बच्ची की आवाज़ : अम्मी, नानी! ये लोग क़िस्से वाले जिन्न हैं क्या जो हमें डराने कू आये?

(रोने की आवाज़ बढ़ती है। पोलिसवाला कल्लन बीड़ी सुलगाता है।)

पोलिस वाला कल्लन : बोले तो मैनेजर साहब एक बात पूछूँ अगर आप इजाज़त दिये तो? ये कार्यवाही जो आप यहाँ कर रये, उसमें ज़रा भी जस्टिफ़िकेशन नइ दिखाई पड़ता मेरे कू।

मैनेजर : किस बात का जस्टिफ़िकेशन हौले?

पोलिस वाला कल्लन : आप लोगां लोन देते, और फिर उने रकम नई चुकाई तो उनकू गाली बोलते, उनके सिर पे धमकी-बम फोड़ते!... सॉलिड सवाल पूछता मैं, सॉलिड जवाब देना...लाखों-करोड़ों का लोन लेके जो पंछी फुर्र से सात समन्दर पार उड़ जाते, उनका क्या?

मैनेजर : ...पंछी पकड़ना बैंक का नहीं, पोलिस-सरकार का काम होता।....

कल्लन : अब पोलिस कैसी है मैं जानता और सरकार कैसी है–सब जानते! दुनिया में इंसाफ़ नाम की एक चीज़ हुआ करती थी...अब उसकी मेरे कू कोई उम्मीद नज़र नै आती, आपकू आती क्या?

मैनेजर : *(चिल्लाकर)* अरी वो मुस्कान अली! चम्पा कली! लिपस्टिक-पोडर छोड़ के बाहर कू आ जल्दी, वरना मैं बुलडोज़र बुलवाता!...

(दरवाज़ा खुलने की आवाज़। दो बुर्क़ानशीं औरतें ज़ोर-ज़ोर से रोती हुई स्पॉट में आती हैं।)

एक : हुज़ूर! सरकार! रहम करो!

(पैरों में गिरती है।)

मैनेजर : यहाँ पे ये डिरामेबाज़ी नक्को चलती। तुम में से मुस्कान कौन है? बुर्ख़ा उठाओ, दीदार-ए-सूरत कराओ!

(नेपथ्य से भीड़ की आवाज़ें,–'क्या हो गया मियाँ?'। किसी औरत की आवाज़, 'अरे मुस्कान की अम्मी के घर पोलिस काय कू आयी?')

मैनेजर : अब रुख़ से नक़ाब हटाओ, वरना दोनों के बुर्ख़े अभी खींचता मैं!

कल्लन : मैनेजर साब, पोलिस के सामने किसी जनानी का बुर्ख़ा खींचना जुर्म होता। इत्ते लोग देख रै! किसी ने रिपोर्ट कर दी, तो हम दोनां की नौकरी जायेंगी!

मैनेजर : जायेंगी तो जायेंगी!

(बुर्क़ा खींचने को होता है। नेपथ्य में भीड़ की बड़बड़ाहट बढ़ती है। स्पॉट लाइट बन्द होती है। दु:ख भरा संगीत।)

फ़्लैश बैक ख़त्म

पहले वाली लाइट्स तेज़ होती हैं। अरमान और अम्मी बात करते नज़र आते हैं।

अरमान : वो लोगां धमका रहे थे उसकू और लोगां ख़ामोश खड़े तमाशा देख रये थे। कुछ मनचले मोबाइल पे 'रील' बना रये थे।

अम्मी : और तू?...तू क्या कर रहा था?

अरमान : देख रहा था।...चुपचाप!....वहाँ पे बोलने का मेरा हक़-इच क्या था।

अम्मी : मैं तो तेरे कू बोली थी, मुस्कान की डोली उठे इससे पहले-इच उसे लेकर भाग जा। कल्लन ख़ां पोलिसवाले से भी बात कर ली थी मैंने। मगर तेरे में दम की सख़्त कमी थी, तेरी फट गयी थी! तू फट्टू है!

अरमान : *(झुँझला कर)* उसकू लेके फ़रार हो जाता तो वो कमीना, जल्लाद की औलाद–रऊफ़, तुमकू और क़ुर्बान कू मुर्गे माफ़िक काट के रख देता! फिर जनाज़ा उठाने भी कोई न आता।

(पल भर की ख़ामोशी के बाद)

अम्मी : ...कित्ति मर्तबा तो उस गधी सलमा से बोली थी मैं, 'अरमान से क़ाबिल दामाद नहीं मिलेगा तुमकू।'...लेकिन उस नाटकबाज़ औरत ने साफ़ मना कर दिया, *(सलमा की नक़ल उतारते हुए)* 'देखो राशिदा बी!.. तुम्हारा अरमान है तो बहुत अच्छा, नेक-शरीफ़...दरियादिल मगर तालीम याफ़्ता नहीं है। अंग्रेज़ी छोड़ो, उर्दू के दो लफ़्ज़ नहीं लिख पाता जबकि उल्टेखां साहिब के शहज़ादे रऊफ़ मियाँ, कन्धे में कम्प्यूटर टाँग के चलते। अंग्रेज़ी फ़र्राटे से बोलते...उन्हें हमने हाँ कर दी है। मेहर की रक़म भी अच्छी-ख़ासी तय हो गयी है।'...मैंने पूछा, 'मुस्कान से उसकी मर्ज़ी पूछी हो?'... तो कहने लगी, 'कैसी बात करती हो राशिदा बी, हम अंग्रेज़ नहीं हो गये हैं जो पोट्टी से सलाह-मशवरा करें! वालिदैन की मर्ज़ी, उसकी मर्ज़ी!...अदब-क़ायदे के फ़ायदे जानती है हमारी मुस्कान। जहाँ कहूँगी बकरी जैसी सिर झुका के चल देगी!'

अरमान : और वो कन्धे पे कम्प्यूटर लटकाये घूमने वाला, साल भर से बीवी बच्चों को छोड़ के लापता है, उसका क्या?

अम्मी : *(अपनी धुन में)* मैं कई बार घुमा-फिरा के पूछी, 'क्यों री सलमा! रऊफ़ मियाँ कुवैत से झुमका कंगन नहीं लाये क्या जो मुस्कान रूठ कर साल भर से मायके में बैठी है?', 'उसका शौहर बिस्तर पे ढीला है क्या, जो ससुराल नहीं जाती ?'...वो बहाने बना-बना कर टालती रही। कल मैंने फिर पूछा, 'ईद को चंद रोज़ बचे हैं। रऊफ़ लिवाने आ तो रहा है ना मुस्कान को ?'...वो रो पड़ी, 'मुस्कान का शौहर कभी नहीं आयेंगा, वो हरामज़ादा उसे तलाक़ बोल के गया है!'

अरमान : *(चौंकता है)* तलाक़-ए-बिद्दत?

अम्मी : हाँ...सबके आगे, ऊँची आवाज़ में.... ताकि पास-पड़ोस भी सुन ले–'तलाक़! तलाक़! तलाक़!'

(अम्मी ग़ुस्से से हाँफने लगती है। अरमान ग़म में डूब कर बेजान सा हो जाता है। अम्मी ख़ुद पर क़ाबू कर अरमान के कन्धे पे हाथ रखती हैं।)

अम्मी : *(मुस्का कर)* फ़िकर नक्को कर मेरे फ़र्ज़ी दर्ज़ी। असल दर्ज़ी तो अल्लाह है! कटी-फटी, पैबन्द लगी ज़िन्दगियों को वोहि-इच सिलता रे।

(अरमान चौंकता है। अम्मी उसे लिपटा लेती है।)
(अन्धकार। क़व्वाली तेज़ होती है।)

दृश्य तीन

शाम / घर।

क़ुर्बान अली की बाँह मरोड़ते हुए **उल्फ़त मियाँ** आता है। क़ुर्बान दर्द से चीख़ रहा है।

क़ुर्बान : भाई जान! बचाओ! अम्मी!

(अरमान और अम्मी अन्दर से भागे हुए आते हैं।)...

अम्मी : हाय हाय क्या हुआ मेरे बच्चे कू? अरे!... उल्फ़त छोड़ उसे!

उल्फ़त : आज तो इस बदचलन का हाथ तोड़-इच डालता मैं!

अरमान : *(ग़ुस्से से चिल्ला कर)* बदचलन किसकू बोलता रे? और जो भी तोड़ना-फोड़ना है बाहर जाके! उल्फ़त अली ये मेरी दुकान है, तेरे अब्बा का अखाड़ा नई।

अम्मी : हाथ छोड़ और बता क्या किया इसने?

उल्फ़त : तुम्हारी इस बेग़ैरत औलाद ने आज बेग़म बाज़ार में मेरी बेटी गुलफ़ाम पर फूल फेंका!

अम्मी : अरे! फूलइच फेंका ना! तू तो ऐसे चिल्ला रहा है मानो गमला फेंक दिया हो। जवान पोट्टे-पोट्टियों में ऐसे-इच होता रे–इत्ती भी अक़्ल नई है तेरे कू। खोपड़ी इत्ती बड़ी मगर दिमाग़ कबूतर से भी छोटा!

उल्फ़त : मुझ जैसे रोशन दिमाग़ का मिलान कबूतर से करने वाली तुम क्या हो, छिपकली की कटी, तड़पती पूँछ!

अम्मी : *(क़ुर्बान से)* क्या रे...! कौन सा फूल फेंका तूने? *(डपटकर)* बोल?

क़ुर्बान : ग...ग...गुलाब का।

अम्मी : *(क़ुर्बान के कान खींच कर हिलाते हुए)* बेवकूफ़, अहमक! जाहिल!...इत्ती हसीन, पोट्टी कू गुलाब का फूल, फेंक कर नहीं दिया जाता। अदब से राजकुमारों की तरह पेश किया जाता है। *(डपट कर)* चल इनसे माफ़ी माँग और मुर्गा बन!

(क़ुर्बान हिचकिचाता है।)

क़ुर्बान : अम्मी ये...ये कोई मुर्गा बनने की उमर है क्या मेरी?

(अम्मी छड़ी उठाती है।)

अम्मी : बन मुर्गा नहीं तो पिछवाड़ा लाल कर दूँगी।

(क़ुर्बान सिर लटकाये खड़ा रहता है। अरमान उठता है।)

अरमान : ऐसे नहीं बनेंगा ये!

(ज़बरदस्ती उसे मुर्गा बनाता है।)

अम्मी : *(उल्फ़त से)* तू और कोई सज़ा मुनासिब समझे तो दे सकता है!

उल्फ़त : लाओ छड़ी दो!

(अम्मी उल्फ़त की तरफ़ छड़ी बढ़ाती है। मगर देती नहीं।)

अम्मी : ठहर! छड़ी लेने से पहले, जाके अपने खूसट अब्बा से पूछ! शादी से पहले वो अपनी दाढ़ी लहराते हुए मेरी तरफ़ गुलेल से गेंदे का फूल फेंक कर क्यों भागता था?

(हँसती है) दर्ज़ी है अपनी फटी को सिल पहले, बाद में दूसरों की सोचना!

उल्फ़त : तौबा-तौबा! ऐसी झूठी जनानी तो दोज़ख़ में भी नहीं मिलेगी।

अम्मी : तू जब दोज़ख़ में जायेगा तो बहुत सारी मिलेंगी जिन पे तेरे अब्बा ने गुलेल चलाई है। समझा ना? चल, अब चुपचाप दफ़ा हो! वरना मेरी छड़ी और तेरी पीठ! लाल कर दूँगी!

(उल्फ़त अचकचाया हुआ जाता है। क़ुर्बान खड़ा होता है।)

क़ुर्बान : देखा भाई जान! आपके मुँह से एक बात न निकली और अम्मीजान ने उसकी बोलती बन्द कर दी। ख़ब्ती उल्टे पाँव भागा। मेरी अम्मी ज़िन्दाबाद।

(हँसते हुए अम्मी को लिपटा लेता है।)

अम्मी : अरे बाजू हट! पोट्टी पर नज़र डालने के बदले तालीम पर नज़र रख। हाई स्कूल पास करना है तेरे कू, वरना तू भी अरमान जैसा गँवार रह जायेगा!

अरमान : *(भड़क जाता है)* क्या बोले? मैं गँवार हूँ? हाई कोर्ट के जज साहब मेरा सिला हुआ कोट पहन के फ़ैसला सुनाते। मुख़्तलिफ़ सियासी पार्टियों के झंडे मैं सिलता! स्टेज में मेरी सिली शेरवानी न पहने हों, तो शायरों के मुँह से शेर नहीं सियार फूटते...कोई गँवार दर्ज़ी ये सब कर सकता क्या?...

(अम्मी को झकझोरते हुए)

बोलो कर सकता क्या?...बोलो, बोलो कर सकता?

अम्मी : चोप्प! चोप! बड़ा आया जज का कोट सिलने वाला! अभी कोई ग्राहक आता होगा 'मेरी पतलून टाइट और क़मीज़ ढीली कर दी!', 'मेरे बेटे की हाफ़ पैंट इतनी छोटी कर दी कि चड्डी बाहर नज़र आती!'...उस रोज़ क़ुर्बान का मैथ टीचर धमकी दे के गया था, भूल गया क्या?

अन्धकार / लाउडस्पीकर पर दोपहर की अज़ान की आवाज़ शुरू होती है।

फ़्लैश बैक

कुछ पल मंच में कुछ नहीं होता फिर प्रकाश आने पर दिखता है–अम्मी और अरमान जो अब बनियान और हरे रंग की चेकदार लुंगी और गोल टोपी लगाये हुए है–नमाज़ पढ़ रहे हैं। मैथ टीचर सुबोध बंगाली (45 साल) सफ़ेद पैंट-

शर्ट पहने, टाई लगाये झल्लाया सा आता है। दोनों को नमाज़ पढ़ता देख फुफकारते हुए खड़ा रहता है। अरमान और अम्मी उसे कनखियों से देख कर और ज़ोर-ज़ोर से नमाज़ पढ़ने लगते हैं। बाहर से अज़ान की आवाज़ आनी बन्द हो जाती है मगर दोनों नमाज़ की मुद्रा में ही बैठे रहते हैं।

मैथ टीचर : हो गया नमाज़। उठ जाओ अब और आँखों में आँखें डाल के हमारा सवालों का जवाब दे!

(अरमान उठता है। उसकी आँख में आँख डाल कर)

अरमान : पूछो?

मैथ टीचर : कित्ता वक़्त हो गया कोट बनवाने को दिया तेरे को! छौ महीना से देख रहा हम। हमारा कोट को बाँह लगाये बग़ैर, कसाई के बकरे के माफ़िक, 90 डिग्री एंगल में लटका के रखा है? तू क्या बोला, 'पन्द्रह दिन में सिल के दे दूँगा।' फ़िफ़्टीन इन टू ट्वेल्व–वन एट्टी, डिवाइडेड बाई थर्टी... मतलब पूरा 6 महीने हो गया। (चीख़ कर) तुम हमारा कोट में हांथा क्यों नहीं लगाता?

अरमान : *(डबल आवाज़ में)* आप हमारा सिलाई देता काय कू नै? 'दो दिन बाद बच्चों के स्कूल में फ़ंक्शन है, अर्जेंट में चाहिए', ऐसा बोले तुम, मिन्नतें किये और बच्चों के छै जोड़े ड्रेस का कपड़ा डाल गये। मैंने और अम्मी ने रात-रात जाग के बनाये।...फिर आप दो दिन के बदले चार दिनां बाद आये। कोट का कपड़ा डाल के बोले, 'बच्चों के कपड़े दे दे। मुझे अभी तनख़्वाह नहीं मिली। कोट लेते वक़्त एक साथ देता तुझको सिलाई की रक़म।'...*(चिल्ला कर)* अब तक तनख़्वाह नहीं मिली क्या?

मैथ टीचर : *(सहम कर)* फटाफट कोट में हाथां लगा के दे और चटपट अपनी सिलाई ले।

अरमान : हरगिज़ नहीं। बकाया क्लीयर करो, मैं कोट की स्लीव लगाता।

मैथ टीचर : ठीक है मगर फ़िटिंग चेक करवा! छाती पे ढीला-टाइट हुआ तो उसे भी ठीक कर के दे देना।

(अरमान दीवार पर लटका बिना बाँह का कोट उतार कर मैथ टीचर को पहनाता है। बटन लगाता है। मैथ टीचर मुँह बनाता है।)

मैथ टीचर : अब घर आके बाँह लगाना और पैसे ले जाना।

(जाने लगता है। अरमान उसे पकड़ लेता है।)

अरमान : बग़ैर पैसे दिये न कोट बाहर जायेंगा, न कोट वाला!

(ज़बरदस्ती कोट उतारने लगता है।)

मैथ टीचर : छोड़! छोड़ बोलता मैं...!

(धक्का-मुक्की होने लगती है। मैथ टीचर लड़खड़ा के गिर जाता है। अरमान कोट उतार लेता है।)

मैथ टीचर : टीचर पे हाथ उठाता तू! अभी-इच पोलिस स्टेशन में तेरा एफ.आइ.आर. लिखवाता मैं। हवालात की हवा खाएँगा तू।...ग्राहकों को चक्कर कटाने वाले दर्ज़ियों के लिए इग्ज़ैम्पल बनेगी तेरी गिरफ़्तारी।

अरमान : टीचर नहीं फटीचर हो तुम! जेल भिजवा दो या फाँसी पर लटकवा दो! कोट में बाँहें तभी लेगेंगी जब सिलाई दोगे!

मैथ टीचर : ठीक है तो फिर सोच लो तुम्हारा भाई क़ुर्बान इंटर में और दो-चार साल लुढ़केंगा!

अरमान : लुढ़केंगा तो लुढ़केंगा!

अम्मी : अरे अरे ऐसा नक्को करो टीचर साहब। कोट की दो बाँहों के लिए बेचारे क़ुर्बान को सज़ा काय कू देते? मैं तेरा पाँव पकड़ती...

(अम्मी उसके पाँव पकड़ने को होती है। मैथ टीचर धक्का मार कर तैश में निकल जाता है।)

फ़्लैश बैक ख़त्म

क़ुर्बान : भाई जान आप भी कुछ ज़्यादा भड़क जाते...अब तो मेरे कू फेल-इच कर देंगा। और अबकी दफ़ा मैं फेल हुआ तो... तो...मेरी नहीं, ग़लती आपकी मानी जायेंगी!

अरमान : *(ग़ुस्से से)* मेरी नज़रों के सामने से ग़ायब हो जा वरना..

(कपड़ा नापने का मीटर उठा उसकी तरफ़ बढ़ता है। क़ुर्बान उल्टे पाँव भागता है।)

अम्मी : दिमाग़ धोबी की इस्तरी जैसा गरम हो जाता तेरा...कल मैं तोता पंडित के कने गयी थी, मैंने पूछा, 'मेरे बेटे का क्या होंगा, खड़ूस हो के रह गया वो?' तो तोते ने कहा, 'बदन की नरमी, दिमाग़ की गर्मी, शादी करवा दो खड़ूस की, सब ठीक हो जायेंगा!'

अरमान : *(ग़ुस्से से)* अम्मी! चाहे तोता बोले या पंडित। मैं खड़ूस ही सही मगर तुम्हारी मुराद इस जनम में पूरी नइ होंगी!

अन्धकार/क़व्वाली तेज़ होती है।

दृश्य चार

दिन / घर / दोपहर।

अम्मी ज़मीन पर बैठी बटन टाँक रही हैं।

बाहर से सलमा की आवाज़, **'रशीदा बी! घर पे हैं क्या?'**

अम्मी : हूँ भई! सिर से पैर तक हूँ। जाऊँगी कहाँ, न मायका है न ससुराल! आ जा सलमा!

(मुस्कान की माँ सलमा आती है। उसके कपड़े रंग-बिरंगे पैबंदों से सजे हुए हैं।)

अम्मी : कैसे अचानक आयी नासपिटी?

सलमा : अब क्या बोलूँ बी! मुस्कान की बच्चियाँ एकदम तूफ़ान हैं। एक ने झपट के दूसरी की फ्रॉक फाड़ दी, तो पहली ने झँझोड़ कर उसका भी फ्रॉक चिथड़ा कर दिया। वजह थी पिपरमेंट की एक गोली।...ईद आने को है, नया तो ख़रीद नहीं सकते। दो सिलाई ही मार दो खचखच खचखच।

(थैली से दो फटी फ्रॉकें निकाल कर देती है।)

अम्मी : तौबा-तौबा! ये तो कबूतर की आँत जैसी फटी हैं। ऐसा-कैसा झगड़ा करती हैं, मुस्कान की पोट्टियाँ।...

सलमा : छोड़ो...मेरी परेशानियाँ मेरे-इच साथ जायेंगी! *(बीड़ी निकाल कर लाइटर से सुलगाती है)* चलो अब जल्दी बैठ

जाओ मशीन पे। ऐसी सिलाई करो जैसे मेरी सलवार की करी थी। पाँच साल हो गये आज तक न फटी!

अम्मी : ...गये वो ज़माने सलमा जब मेरी मशीन की खचखच दो गलियाँ दूर तक गूँजती थी। अब हाथां काँपते, पाँव थरथराते! आँखें बिना तेल की लालटेन जैसी लपलपाने लगी हैं। सूई में धागा तक नहीं डाला जाता।...इस घर को सँभालते-सँभालते पूरा घिस गयी मैं...हुक्के से छोड़े गये धुएँ जैसी घर में घूमती रहती हूँ, बस।

सलमा : *(बीड़ी का धुआँ छोड़ती हुई)* कित्ती भी तारीफ़ करूँ कम है। क्या सिलाई-कढ़ाई करते थे आप। ब्लाउज़ की फ़िटिंग ऐसी कि अगर किसी जनानी का एक गोला बड़ा और दूसरा छोटा है–तो तुम उसी के नाप से चलती थीं, ये नहीं कि दोनों गोले एकसार सिल दिये। पहनो तो एक चूँची फूली हुई लगे, टनाटन और दूसरी बिन हवा का फुग्गा!...याद है ना, मुस्कान की शादी का जोड़ा भी आप मोहब्बत की चाशनी में डुबो के सिले थे।

अम्मी : *(आह भरती हुई)* वो दिनां गुम हुए सलमा।...*(कुछ पल की ख़ामोशी के बाद)* और तू बोल...मुस्कान कैसी है?

सलमा : जैसी तलाक़-शुदा जनानियाँ हुआ करती हैं। बुर्क़े में बाहर निकलती तब भी गली के लौंडे सीटियाँ मारते, गन्दी फबतियाँ कसते। उसने घर से निकलना-इच छोड़ दिया...दबी छिपी, बैठी रहती वो।...आप तो जानती हो कभी मेरे घर में चार काम वाली बाइयाँ हुआ करती थीं और आज मैं ख़ुद चार घरों के बर्तन माँज के, अंडे बेच के गुज़ारा कर रयी। भला हो वज़ीरे आज़म का। पाँच किलो गेहूँ और चावल फ़्री में दे रये।

अम्मी : बस यही अच्छा किया है उने। मगर फ़्री में खाना मिलने से बहुतेरे लोगां कामचोर भी हो रये हैं। एक के हाथ में झंडा,

बाक़ी डंडा लिए घूमते। इन्सान ही नहीं मस्जिदें, मज़ारें भी ख़ौफ़ज़दा हैं।

सलमा : ...और इधर बिना मर्द का हमारा घर। न जाने कब, कौन कहाँ से हमला कर दे। हर वक़्त अजीब-सी दहशत घेरे रहती है।

अम्मी : तुझे मालूम, अरमान के हिन्दू दोस्त अब हमारे यहाँ कपड़े नहीं सिलवाते। बँटवारा सुना था, मुल्क का, घर का, ज़मीन का, मगर दर्ज़ियों का बँटवारा होंगा—कभी न सोची थी मैं।

सलमा : *(अपने दुःख में धँसी हुई)*... फ़ीस न भरे इस वास्ते पोट्टियों का स्कूल छूट गया। दिन भर पागलों जैसे लड़ती रहती हैं।...अरमान ने तो देखा है। आज अगर किश्त ना भरी तो वो अण्ड का बोड़ी मैनेजर, कहता है, घर सील कर देंगा।... तुमसे भी बार-बार माँगते शर्म आती।

(अम्मी उठ कर मशीन की दराज़ से रुपये निकालती है।)

अम्मी : नयी मशीन ख़रीदने के वास्ते अरमान ने पैसे जमा करे थे। मालूम हुआ मुस्कान को ज़रूरत है तो उसी में से दस हज़ार निकाल के छोड़ गया है।...*(देती है)* गिन ले।

सलमा : अरे! गिनना क्या...! आपा! मुझे ख़ुद से ज़्यादा आप पे भरोसा है!

अम्मी : इस ज़माने में भरोसा तो अपने बाप पे भी मत करना तू।... गिन चुपचाप!

(सलमा बीड़ी बुझाती है। नोट गिनती है। संकोच से)

सलमा : ये तो साढ़े नौ-इच हैं बड़ी बी।

अम्मी : साढ़े नौ। ये कैसे हो सकता...फिर से गिन...

(सलमा दोबारा गिनती है।)

सलमा : माफ़ी चाहती हूँ आपा। मैं ग़लत गिनी थी। साढ़े नौ नहीं बल्कि नौ हज़ार-इच हैं! तुम्हीं गिन लो!

अम्मी : *(फटाफट गिनती है।)* या ख़ुदा! लगता है एक हज़ार क़ुर्बान ने निकाल लिया।....रुको मैं अपने से देखती हूँ।

(अन्दर जाती है। तब तक सलमा अम्मी की पान टोकरी से पान निकाल कर मुँह में दबाती है। अम्मी लौटती है। पाँच-पाँच सौ के दो नोट देती है)

अम्मी : ये क़ुर्बान भी हदें पार करता जा रा है। अरमान चार पैसे न कमाये तो हमारी भी वही हालत हो जायेगी जो तुम्हारी है।

सलमा : ऐसा न बोलो राशिदा बी। आज के ज़माने में ग़रीब होना भौत बड़ी गाली है।

(अम्मी झुँझलाई सी पान बना कर खाती है। कुछ चैन मिलता है। इत्मीनान से बात शुरू करती है।)

अम्मी : मगर मुस्कान ऐसा क्या गुनाह करी कि बात तलाक़ तक आ गयी?

सलमा : *(याद करती हुई)* पिछले साल ईद के रोज़ मुस्कान का शौहर वो रऊफ़ अपने कुवैत से आये दोस्तों को दावत पे बुलाया। 'तरह-तरह के पकवान बनाओ' ऐसे बोला। मुस्कान बेचारी सुबो चार बजे से उठकर बनाती रही। वो बीच-बीच में आके चिल्लाता, 'जल्दी करो, जल्दी करो।' कुछ पल की इन्तज़ारी के बाद रहा न गया तो सिरफिरा भन्नाया हुआ रसोई में पहुँच गया, 'क्या-क्या पकाया है मुझे चखा।' पहले उसने चपर-चपर कबाब खाया, मुँह बनाया फिर सेंवई चखी, दाँत पीस कर चिल्लाया, 'कमबख़्त, लँगड़ी! आज फिर तू ने सीठी सेंवई बनाई।...अरी बेहया! किसके ख़यालों में गुम रहती है तू?'...

अम्मी : या अल्लाह!

सलमा : फिर हरामी ने सेंवइयाँ का गरम पातीला उठाया और दे मारा मुस्कान के सिर पर। 'तलाक़! तलाक़! तलाक़!!' बोल के घर से ऐसे निकला कि फिर लौटा ही नहीं।

अम्मी : दोज़ख़ में जायेंगा ज़ालिम!...फूल जैसी मुस्कान पे ऐसा जुल्म!

सलमा : ...सास-ससुर भी मुस्कान को-इच बदनाम किये, 'बदसगुनी! लँगड़ी! तेरी वजह से हमारा लड़का घर छोड़ गया! वो तो आशिक़ मिज़ाज का था, तू ही उसे अपनी जवानी का रस न चखा सकी!'...एक रोज़ उसका महीना चल रहा था। ख़ून कुछ ज़्यादा ही बह रहा था। कपड़े नहीं धोए तो सास ने आकर उसका झोंटा पकड़ लिया, धक्का मार के गिराया फिर उसके सीने पे कूदने लगी। मुस्कान ने अपनी लँगड़ी टाँग चलाई तो वो गिर पड़ी। मुस्कान ने पास पड़ी झाड़ू उठा ली, चिल्लाई...'ख़बरदार जो मुझ पे हाथ उठाया! झाड़ के रख दूँगी!'...

अम्मी : ये सही किया तेरी बहादुर बच्ची ने!

सलमा : ... तुम्हें तो मालूम ही होगा, उसका ससुर चंचलगुड़ा जेल में जल्लाद था। उसने फन्दा डाल के मुस्कान को छत से लटकाने की कोशिश की। उसकी बच्चियाँ रो रही थीं। मुस्कान ने उनके रोते चेहरों की तरफ़ देखा और अपनी लँगड़ी टाँग ऐसे घुमाई कि जल्लाद ससुर की नकली बत्तीसी बाहर आ गयी। पोपले मुँह से वो मुस्कान कू गन्दी-गन्दी गालियाँ बकने लगा।

अम्मी : ओह!

सलमा : मुस्कान ने लाज-लिहाज़ छोड़ के ज़ालिम सास-ससुर के मुँह पे थूका और अपनी बच्चियों कू लेके घर से निकल गयी!...वो तो ख़ुदकुशी करने जा रइ थी मगर बच्चियों का चेहरा देख कर मेरे कने चली आयी!

अम्मी : इत्ता बवाल हुआ और तू मेरे कू अब बता रई...साल भर बाद। पोलिस में कम्पलेंट नहीं लिखवाई?

सलमा : कोशिश की थी। कल्लन ख़ां हवलदार ने मदद भी करी, मगर वो हरामज़ादा इंसपेकटर मुस्कान पे-इच फ़िदा हो

गया।...उसे बार-बार थाने बुलाता। घंटों बिठा के रखता। भद्दे मज़ाक़ करता। एक रोज़ मुस्कान झटक दी तो चिढ़ गया। कम्पलेंट लिखने के वास्ते मोटी रिश्वत माँगने लगा।... फिर हमारी हिम्मत जवाब दे गयी।

अम्मी : मैं तेरे कू पहले-इच बोली थी, उनके यहाँ देख-समझ के शादी करना। उमर का भी नई सोची तू। रऊफ़ मुस्कान से कित्ता बड़ा था। और उस वक़्त मुस्कान अट्ठारा की भी नहीं थी।

सलमा : नसीब फूटा था मेरा, यही समझो!

(अरमान बाहर से आता है उसके हाथ में एक थैला है। दोनों बात करते-करते अचानक चुप हो जाती हैं।)

अरमान : अरे सलमा चची...! अस्सलामो अलैकुम!

सलमा : वालैकुम अस्सलाम अरमान...बेटे पैसों के वास्ते भौत भौत शुक्रिया।...

अरमान : ऐसा नक्को बोलो। एक इन्सान-इच इन्सान के काम नइ आएँगा तो कौन आएँगा!

सलमा : कितने नेक ख़यालात हैं तेरे!...ऊपर वाले ने रऊफ़ जैसे शैतान बनाये हैं तो तेरे जैसे फ़रिश्ते भी उतारे हैं।...अफ़सोस इस बात का है कि तूने नयी सिलाई मशीन ख़रीदने के वास्ते जो पैसे जुटाये थे वो...

अरमान : मेरी मशीन अभी कुछ दिनां और चलेगी मगर आपके घर कू बैंक ने सील कर दिया तो मुश्किल हो जाएंगी...!

(कुछ देर बेचैन करने वाली ख़ामोशी के बाद सलमा उठती है।)

सलमा : अच्छा राशिदा बी, चलूँगी देर हो गयी है। मेरी नवासियों ने घर सिर पे उठा रखा होगा।

अम्मी : तू लौंडियों की फ्रॉकें छोड़ जा!...अरमान ये मुस्कान की बेटियों को फटी फ्रॉकें हैं। वैसे हैं अच्छी, मरम्मत हो जाये तो पहन सकती हैं। ईद से पहले रफ़ू कर के दे दे।

अरमान : ईद में तो अभी टैम है। लेती जाना चची।

सलमा : अल्लाह तुझे बरक्कत दे बेटा, तेरी मुरादें पूरी हों!

(सलमा जाती है। अरमान देखता है–दो फटी हुई गुलाबी रंग की फ़्रॉकें।)

अन्धकार/क़व्वाली तेज़ होती है।

दृश्य पाँच

शाम

क़ुर्बान इधर-उधर कुछ ढूँढ़ रहा है। फिर वह अपने मोबाइल से एक नम्बर लगाता है। कपड़ों के गट्ठर के नीचे से मोबाइल का रिंगटोन सुनाई देता है। क़ुर्बान लपक कर मोबाइल फ़ोन निकालता है।

क़ुर्बान : *(ख़ुद से)* आह! मेरा ये तोहफ़ा देख के, हसीनों में हसीन, थोड़ी मीठी, ज़्यादा नमकीन मेरी गुलफ़ाम, ख़ुशी से फूल जायेगी। गाल शर्म से लाल होके धोबी की इस्तरी जैसे गरम हो जायेंगे। पसीने छलकता चेहरा गर्मागर्म जिलेबी पे चाशनी माफ़िक़ चमकेंगा और मैं...मैं उसे...! *(चूमने की आवाज़ निकालता है।)* अल्लाह मेरी मुराद पूरी कर दे। अब की ज़रूर ख़ैरात बाँटूँगा।

(अपनी गोल टोपी उठा कर पहनता है फिर चोरों की तरह चुपचाप निकलने लगाता है। सामने से आ रहे अरमान को देख ठिठक जाता है।)

अरमान : कहाँ जा रा तू?

क़ुर्बान : *(घबरा जाता है)* मैं...मैं...वो...वो भाईजान, मैथ टीचर ने ऐसा मुश्किल सवाल दिया है कि खोपड़ी-इच काम नई कर रई। दोस्तों से पूछ के आता मैं। काश! अपने घर में कोई पढ़ा-लिखा होता तो मेरे कू बाहर जाने की ज़रूरत-इच नई पड़ती।

(अरमान उसे खा जाने वाली नज़र से देखता है। अम्मी प्लेट में उबले अंडे ले के आती है।)

अम्मी : बिल्कुल जा...मगर इस बार कम से कम इंटर पास कर ले बेटा। इमाम साहब बोल रहे थे तुझे 'सुलभ शौचालय' में जमादारों का इंसपेकटर बनवा देंगे।

क़ुर्बान : अरे अम्मी, पास तो मैं भी होना चाहता मगर वो कंत्री मैथ टीचर, क्लास में दर्ज़ीगिरी के ऐसे-ऐसे सवालात पूछता कि मुंडी चकरा जाती...'एक दर्ज़ी छै महीने में एक कोट सिलता, गिराहक से तीन सौ फेरे लगवाता, और कभी बाज़ार में टकरा जाता तो सिक्स्टी किलोमीटर पर अवर की स्पीड से भाग जाता, तो जवाब दे, कोट में बाँह कितने साल में लगा के देंइगा?'

अरमान : दर्ज़ी गिरी के सवाल तू उससे पूछ–'एक दर्ज़ी की सूई का धागा एक मिनिट में सौ बखत टूटता है तो दिन भर में कितनी बार टूटेंगा ?'...'दर्ज़ियों की मशीन चौबीस घंटों में कित्ते घंटे चलती और कित्ते मिनिट ख़ामोश रहती ?'...ये भी पूछ उसकू, 'एक कपड़ा सिलने में आँखों की पुतलियाँ कित्ती घिस जातीं?', 'कोई गिराक सिलाई नहीं देता तो दर्ज़ी की आँखों से कित्ते पानी के और कित्ते ख़ून के आँसू टपकते?'

क़ुर्बान : आप तो फोकट-ख़ाली इमोशनल हो रये भाईजान!...बाँह लगा के दे दो! झगड़ा काय कू करना!...मैथ का टीचर है, क्लास में कोट पहन के कड़क दिखना पड़ता उसकू।

अरमान : वादा ख़िलाफ़ी करने वाला, मेहनत-मजूरी देने से आँख फेरने वाला ख़ाक टीचर होइंगा!...अगर ईद से पहले सिलाई नहीं देंगा तो उसका कोट पहन के मैं नमाज़ पढ़ने जाऊँगा।... और तू उसकी वकालत करने की जुर्रत दोबारा मत करना!

अम्मी : अरे मचमच छोड़ो। क़ुर्बान ले अंडे खा फिर जा अपनी पढ़ाई करने!

क़ुर्बान : *(अंडे खाते हुए)* अम्मी, कोट का हाथां नै लगा के दिये तो किसी का कुछ नहीं बिगड़ेंगा फेल होईंगा मैं!

अम्मी : *(प्यार से)* दो साल से फेल ही तो हो रहा है। एक साल और हो जाइंगा तो क्या क़यामत आ जाइंगी।

क़ुर्बान : या अल्लाह, कोई इस घर में मेरेकू समझता-इच नइ!

(अंडा चबाते चला जाता है। अम्मी घर की सफ़ाई करने लगती है। मायूस सा अरमान हाथ के थैले से नये गुलाबी रंग के कपड़े निकालता है। ज़मीन पर पुरानी फटी फ़्रॉक रख कर नाप का निशान लगाता है। फिर कपड़ा काटने लगाता है।)

अम्मी : अरे! ये नया रेशमी कपड़ा कां से आया रे?

अरमान : ख़रीद के लाया।

अम्मी : हज़ार-आठ सौ का कपड़ा? छत की मरम्मत के वास्ते जो पैसे रखे थे, कहीं वो तो...?

अरमान : बारिश जा चुकी है। अगली बारिश से पहले छत की मरम्मत करवा दूँगा। ईद के रोज़ बिन-बाप की बच्चियों को फटी फ़िराकें क्यों पहननी पड़े।

अम्मी : बच्चियाँ तुझे दुआएँ देंगी अरमान! *(मुस्का कर)* और शायद मुस्कान भी।

अरमान : *(चिड़चिड़ा के)* उफ़्फ़, तुम न सुधरोगी...! तसबीह लेकर रटा करो मुस्कान-मुस्कान!

अम्मी : ...अच्छा ये बता, आज कुछ माल-टाल लाया कि नहीं?

(अरमान थैले की तरफ़ इशारा करता है। अम्मी ख़ुशी ख़ुशी जाकर थैले से दारू का क्वाटर निकालती है। अन्दर जाती है। अरमान मशीन पर फ़्रॉक सिलने लगाता है। अम्मी गिलास और एक देगची, दो प्लेट और करछुल लाती है। दो गिलास में शराब डालती है। प्लेट में बिरयानी परोसती हुई)

अम्मी : चल आ जा। दो घूँट चढ़ा के मशीन दौड़ायेंगा तो फ़्राकें सुन्दर बनेंगी! पोट्टियाँ पहनेंगी, अल्लाह का नूर बरसेंगा

उनपर, मुस्कान के बुझे चेहरे पर भी शायद मुस्कान आ जाये। ठीक है ना?

अरमान : फिर वही बकवास!

अम्मी : ...मतलब तू नहीं चाहता तेरा चिड़चिड़ाना ख़त्म हो, मुस्कान मुसकाये?...

अरमान : नहीं, मुझे कुछ नहीं चाहिए, बस मेरी मशीन चलती रहे! अब वही मेरा प्यार है!

(दोनों शराब पीते हैं।)

अम्मी : बिरयानी भी खा! गोश्त खाने से दिमाग़ क़ाबू में रहता। जवानी क़ायम रहती!

(अरमान खाता है। तभी उल्फ़त मियाँ ग़ुस्से में आता है। उसके हाथ में एक मोबाइल है।)

उल्फ़त : वाह जी वाह इदर तो दारू-अड्डा शबाब पे है। अगर थोड़ा होश हो तो पहचानो, ये कौन का मोबाइल है?

अरमान : *(मोबाइल उसके हाथ से छीनते हुए)* मेरा-इच है। तुम्हारे कने कहाँ से आया?

उल्फ़त : मेरी पोट्टी गुलफ़ाम दी मेरे कू!

अम्मी : *(हैरत से)* हैं!... उसे कहाँ मिला?

उल्फ़त : तुम्हारा लाड़ला क़ुर्बान...सुनसान गल्ली में उसका पीछा किया और अल्ला का वास्ता दे-दे के, ज़बरदस्ती उसकी कुर्ती में डाल कर भाग गया। वो शरीफ़ज़ादी रोती हुई घर आयी और उसने मुझे दिया मोबाइल!

अम्मी : उल्फ़त तू जैसा भी हो रे, है ईमानदार, वरना आज के ज़माने में हाथ आया मोबाइल कौन वापस करता है।

उल्फ़त : ना...ना राशिदा बी! वापस करने नई आया मैं।...समझा लो उस लफ़ंगे को, गुल्फ़ाम का ख़्वाब देख के उल्टी-सुल्टी हरकतें न करे। ये रिश्ता कभी नहीं हो सकता। हम शिया हैं, तुम लोग सुन्नी।

अम्मी : *(अम्मी दोबारा गिलास भरती हुई)* कौन हौला *(गाली)* तेरा नाम 'उल्फ़त' रखा रे? अरे जवानी में किसकू शिया-सुन्नी दिखता? तेरा बाप जब मुझ पर गेंदा फूल फेंकता था, तब उसे शिया-सुन्नी नहीं मालूम था क्या?

उल्फ़त : दारूबाज़ औरत! दिन भर में तू जित्ती साँसें लेती, उससे दस गुना झूठ बोलती हैगी। सुन लो! आज के बाद क़ुर्बान ने कोई उल्टी-सीधी हरकत की तो उसे मेरे हाथों क़ुर्बान होना पड़ेंगा फिर चाहे मुझे जेल-इच क्यों न जाना पड़े।

(एकाएक आगे बढ़ कर अरमान के हाथ से मोबाइल झटक लेता है।)

उल्फ़त : अब ये मोबाइल तेरे को तब मिलेंगा जब तू ईद पे मेरे घर आयेंगा और गुल्फ़ाम के आगे क़ुर्बान को दस जूते मारिंगा।

(तैश में निकल जाता है। अरमान सन्न खड़ा रह जाता है।)

अम्मी : *(हँसती है।)* कमबख़्त सयानपंती दिखा-रा है। जानता है–न तू क़ुर्बान को जूते मारेंगा, न वो मोबाइल देंगा।

अरमान : अम्मी तुम जानती हो वो मोबाइल मेरे लिए कितना अहम है।...

अम्मी : वो तो है। मगर कई बार बीती बातों को याद दिलाने वाली, दिल-दिमाग़ में हलचल मचाने वाली किसी चीज़ का खो जाना भी अच्छा-इच होता बेटे।

(दर्द भरा संगीत/अन्धकार)

दृश्य छह

देर रात

अरमान फ्रॉकें सिल रहा है। अचानक मशीन बन्द हो जाती है। वह झल्लाता है।

अरमान : धत्त तेरी तो! मशीन का बेल्ट टूट गया।

(उठता है। बड़े सूजे से बेल्ट को सिल कर जोड़ता है। मशीन में लगाता है।)

अरमान : अब मशीन भी आहिस्ता चलानी होगी। या अल्लाह सुबह होते तक फ्रॉकें पूरी हो जायें!

(मशीन चलाने लगता है। बेल्ट फिर टूट जाता है। वह फिर मरम्मत करने लगता है। वह ख़ुद से बातें करने लगता है।)

अरमान : अल्लाह! दुनिया में तूने बनाये चंद अमीर, बेशुमार ग़रीब। क्या बिगड़ जाता जो बना देता ज़्यादा अमीर, चंद ग़रीब?...अभी जहाँ देखो ग़रीब ही ग़रीब दिखते। क्या ही ख़ूबसूरत नज़ारा होता जो लोग ख़ैरात बाँटने निकलते और लेने वाले कहीं नज़र न आते!...भूख ज़्यादा और खाना कम! गोदाम भरे हुए और थालियाँ ख़ाली! मेरे मौला! मैं और मेरे जैसे तमाम बुद्धू भी हिसाब लगा सकते कि तूने ज़्यादा नफ़रतें बनायीं, मोहब्बतें इत्तू सी! दिलों को जोड़ा कम, तोड़ा ज़्यादा! चंद ख़ुशक़िस्मतों को छोड़ दो तो

ज़्यादा दिलजले ही काय कू मिलते? मोहब्बतें देख कर तेरा दिल क्यों नहीं पसीजता? आशिक़ों के इत्ते ज़्यादा आँसू कि सारी कायनात भीग जाये। जो मोहब्बत के सागर में तैरने चला, उसे–इच तूने डुबो क्यों दिया? उनके होंठों से मुस्कान क्यों छीन ली तूने?

(आँसू पोंछता है)

समझ नै आता मेरे कू, आला दर्जे का समझदार हो के भी तूने ऐसी नासमझी क्यों करी आख़िर?...तूने हमेशा हमारा इम्तहान लिया, आज मैं तेरा इम्तहान लेता! अगर तेरा वजूद है तो मेरी मशीन का पट्टा ठीक कर दे। ताकि पोट्टियों की फ्रॉकें सुबो होने से पहले सिल जायें!...ताकि उन बदनसीबों के चेहरों पर से गुम हुई मुस्कान फिर से वापस आ जाये!

(पट्टा चढ़ाता है। मशीन चलाता है। मशीन तेज़ आवाज़ के साथ चलने लगती है। अन्धकार/मुर्गे की बांग/नेपथ्य से ईद की क़व्वाली बजनी शुरू होती है।)

दृश्य सात

ईद की सुबह

प्रकाश आने पर हम देखते हैं, अरमान चटाई पर बैठा गुलाबी फ्रॉकों में जल्दी-जल्दी बटन टाँक रहा है। सूई चुभती है, वो परवाह नहीं करता। क़ुर्बान अन्दर से नये कपड़े पहने, गोल टोपी लगाये आता है।

क़ुर्बान : भाईजान ईद मुबारक! मेरी ईदी निकालो?...अरे अब तक कपड़े नई बदले आप? आज तो दुकान बन्द रखना था आपकू। चलो दोनों भाई साथ-साथ मस्जिद चलते, ख़ैरात बाँटने।

अरमान : मेरा मोबाइल तू चुराया न?

क़ुर्बान : *(घबरा जाता है)* क्या बातां कर रै! आजकल आप भुलक्कड़ होते जा रै! कहीं रख के भूल गये होंगे।

(इधर-उधर कपड़ों के नीचे ढूँढ़ने का नाटक करता है।)

अरमान : ऐसे नई मिलेंगा...चल अपने मोबाइल से फोन कर मेरे कू!

(क़ुर्बान झिझकता है। अरमान उसे जकड़ कर पकड़ता है, क़ुर्बान गिरफ़्त से छूटने के लिए छटपटाता है। अरमान उसकी जेब से उसका मोबाइल निकाल लेता है। अपना नम्बर डायल करता है। फ़ोन पर बेल जाने की आवाज़। अरमान स्पीकर ऑन करता है ताकि क़ुर्बान भी सुन सके।)

अरमान : बेल जा रही है। अभी मालूम होता किसके कने है मेरा मोबाइल?...हलो! कौन उल्फ़त मियाँ बोल रै...ईद मुबारक़...मैं अरमान अली!...ऐसा है जनाब कि मेरा मोबाइल...

(दूसरी तरफ़ से उल्फ़त की आवाज़ आती है–'मैं बोला न तेरे कू! उस लौंडे को यां ले के आ और गुल्फ़ाम के आगे जूते मार। नई तो भूल जा, मोबाइल!' अरमान मोबाइल कट करता है।)

अरमान : सुन लिया!

क़ुर्बान : *(सुबकने का नाटक करते हुए)* भाईजान...ख़ुदा के वास्ते आख़री दफ़ा माफ़ कर दो...क्लास में सब के कने मोबाइल है। सिर्फ़ गुल्फ़ाम के कने नहीं था। और पढ़ाई मोबाइल से-इच होती आजकल। मैथ टीचर से बेचारी रोज़ डाँट खाती रहती। तो मैं सोचा, आप से तो मोबाइल चलाते नई बनता। तो कम से कम गुलफाम का ही कुछ फ़ायदा हो जाये।....

अरमान : और कुछ?

क़ुर्बान : वो दर्ज़ी की बेटी, मैं दर्ज़ी का बेटा–दर्ज़ीगिरी के सारे सवाल-जवाब हम लोग मोबाइल पे-इच सॉल्व कर लेंगे तो फेल नई होंगे। यही सोच के मैंने उसे गिफ़्ट कर दिया... बस इत्ती सी बात थी।...और उसका चिंदी चोर बाप! ईद के दिन मुझे जूते से पिटवा कर भाई-भाई के बीच दरार डाल रा। गहरी साज़िश दिख रई मेरेकू!

अरमान : कैसी साज़िश?

क़ुर्बान : देखो, जब आप मुझे, गुल्फ़ाम के आगे जूते मारिंगे तो मैं आपसे ज़बरदस्त नफ़रत करने लगूँगा। ठीक?...आपके जैसा चिड़चिड़ा हो जाऊँगा। खड़ूस हो जाऊँगा! ठीक?... फिर किसी दिन चिड़ा-चिड़ी में अम्मी मुझे दस और आप बीस लात मारेंगे।...उसके बाद मैं ग़म में डूब जाऊँगा और

आपकी और अम्मी की दारू चुरा के पीने लगूँगा और... और एक दिन घर से निकल जाऊँगा...चुन्नू फ़क़ीर जैसा चिमटा बजाते गली-गली भीख माँगूँगा!...

अरमान : चोप्प! ड्रामेबाज़! यहीं खड़ा रह, हिला भी तो टाँगें तोड़ दूँगा। मैं कपड़े बदल के आता हूँ...फिर जायेंगे गुल्फ़ाम के घर कू!...ईद मुबारक बोलने। मोबाइल लेने!

(क़ुर्बान सहम जाता है। अरमान अन्दर जाता है। अम्मी बाहर से झोले में सामान ले कर आती है। उसने नये कपड़े पहन रखे हैं।)

अम्मी : ईद मुबारक शहज़ादे।

क़ुर्बान : *(रुआँसा सा)* मुबारक अम्मीजान।

अम्मी : अरे ईद के रोज़ तेरी सुरमई आँखों में आँसू काय कू?...ये देख 'मिल्क मेड' का डिब्बा ले के आयी मैं। सब बोलते हमारे यहाँ की सेंवई गाढ़ी मलाईदार नई बनती। अफ़ग़ानी से ड्राई फ्रूट भी लायी। ले काजू-बादाम खा के देख। सड़े तो नहीं हैं।

क़ुर्बान : मुझे काजू-बादाम नहीं, ईद के रोज़ मोबाइल वापसी के लिए भाईजान के जूते खाना है।

(अरमान अन्दर से नया कुर्ता-पाजामा पहने, गोल टोपी लगाये आता है। क़ुर्बान से)

अरमान : तेरी नापाक हरकतों की वजह से तुझे जूते खाना है।...मेरे कु अपना मोबाइल होना-इच होना।

अम्मी : या ख़ुदा! उस मोबाइल के लिए जिसकी कभी रिंगटोन ही नहीं बजती, तू अपने भाई को सब के सामने ज़लील करेंगा?

अरमान : मेरे लिए रिंगटोन बजती है। मैं बात भी करता हूँ...

क़ुर्बान : क्या बोल रै आप? मैं तो कभी नई सुना मोबाइल बजते। अम्मी आपने सुना कभी? रूहानी मोबाइल है क्या? औलिया से फूँक मरवा के ख़रीदा था क्या?

अम्मी : *(कुर्बान से)* तमीज़ से बात कर कुर्बान...अपनी शादी के बाद मुस्कान इसकू वो मोबाइल दी थी, ये बोल के कि 'मैं तुझसे हमेशा-हमेशा के लिए दूर जा रही हूँ। खोज ख़बर लेते रहना अरमान!'। मगर एक रोज़ उसे बात करते उसका शौहर पकड़ लिया। पहले उसके मोबाइल को पटक-पटक के तोड़ा, फिर मुस्कान को पीट-पीट के!...तभी से अरमान, मुस्कान के दिये तोहफ़े को सीने से लगाये रहता था।...तूने ग़ौर किया होगा अरमान ने अपने हर कुर्ते-क़मीज़ में सीने के पास 'मोबाइल जेब' बना रखा है।

क़ुर्बान : हाँ हाँ देखा मैं, मगर भाईजान दिल के पास मोबाइल कभी नै रखना चाहिए। उससे 'रेडियेशन' निकलता, दिल और दिमाग़ पे बुरा असर पड़ता। धड़कनें बेक़ाबू हो जातीं, याददाश्त कमज़ोर, बे-बात ग़ुस्सा आता। 'फ़र्टीलिटी' बोले तो 'ज़रखेज़ी' की ताक़त घट के चवन्नी भर रह जाती।

अम्मी : या अल्लाह!

क़ुर्बान : और वैसे भी उस जज़्बाती मोबाइल के बारे में मुझे मालूम नै था। फ़िकर नक्को करो! आपके लिए क़ुर्बान अपनी जान भी क़ुर्बान कर सकता, आपके हाथां जूते खाना कौन सी बड़ी बात है।...चलिए मोबाइल ले के आते।

अम्मी : *(अपनी धुन में बोलती चली जाती है।)*...ये उल्फ़त का बच्चा! अपनी पोट्टी को क्यों नै समझाता। अच्छी बच्चियाँ बुर्ख़ा पहन के निकलतीं...चलो बुर्ख़ा न सही, मैं भी नहीं पहनती।...बाज़ दफ़ा घुटन होती है। गर्मियों में पसीने से बदन तरबतर हो जाता।...कभी लगता है किसी अँधेरे कुएँ के अन्दर जनानियों को क़ैद कर दिया गया है।...हिजाब पहनो तो साँस लेने में दिक़्क़त होती है, चलो उसे भी छोड़ दो, लेकिन नाज़नीनों को कम से कम दुपट्टा तो लेना-इच पड़ता क्योंकि पोट्टी दिखी नहीं कि मनचलों की नज़र

सबसे पहले छाती पर ही जाती। ख़ैर तुम दोनों को जा के, मारपीट करने की ज़रूरत नै। मैं उस कमीने के पिछवाड़े में डंडा डाल के तेरा मोबाइल लाती।

(छड़ी उठा के जाने को होती है तभी बाहर से सलमा आती है।)

सलमा : ईद मुबारक हो सबको। *(अम्मी से गले मिलती है।)* फ़राकें ठीक हो गयीं अरमान?...दोनों छोकरियाँ चड्डी पहने खड़ी हैं कहती हैं फ़राक ले के आओ वरना ईद नहीं मनाएँगी।

(अरमान नयी फ्रॉकें निकाल के देता है।)

सलमा : हैं!...ये ये तो नयी हैं बेटा। उनकी तो फटी-पुरानी थीं।... देख कहीं दबा के रख दी होंगी।...या अल्लाह! कहीं ऐसा तो नहीं, तू फ़िराकों को ठीक करना-इच भूल गया और किसी और की थमा रा है!...परसों आयी तो बोले कल आओ, कल आयी तो बोले आज मिल जायेंगी। अब बच्चियाँ क्या पहनेंगी?

क़ुर्बान : चची घोड़ी जैसे मत उछलो। मुस्कान बाजी की दोनों बंदरियों के लिए ही ये नयी फिराकां हैं। भाईजान रात भर बैठे! मशीन का टूटा पट्टा जोड़-जोड़ के सिले। नींद में बन्द होती आँखों से, उँगली में सूई चुभो-चुभो के बटन टाँकें। ईद का तोहफ़ा समझो भाईजान की तरफ़ से!

सलमा : *(ख़ुशी से)* या अल्लाह! अरमान तू ने तो बच्चियों की ईद में सचमुच चार चाँद लगा दिये। ख़ुदा तुझे बरक्कत दे।

क़ुर्बान : *(शरारत से मुस्का कर)* वैसे भाईजान इत्ती जल्दी किसी कू कपड़े सिल के कभी नै देते! है ना अम्मी?

सलमा : परवरदिगार! अरमान की हर मुराद पूरी कर!

अम्मी : सलमा, एक दुआ क़ुर्बान के लिए भी माँग ले, इंटर पास हो जाये बोल के। आवारा फिरता आजकल।

सलमा : अल्लाह, इस लौंडे को इस दफ़ा ज़रूर इंटर पास कर देना।...अच्छा अब चलूँगी।

(जाती है।)

क़ुर्बान : चलें भाईजान उस कबूतर दिमाग़ वाले के घर?...वैसे एक बात कहूँ, वो मोबाइल आपको इमीजिएटली इस्तेमाल नै करना हो तो दो-चार रोज़ बाद ले आयें?...वैसे भी आज जश्न-ए-ईद है।...मान लीजिए अम्मी गये और उस पे छड़ी बरसा दी और उसने बदले में हमारी प्यारी अम्मी को, अल्ला न करे छुरा मार दिया तो मातम हो जायेगा!...दोपहर में लोगां मिलने-मिलाने कु आते। रात को अम्मी और उनकी सहेलियों की दावत है। जोगम्मा धोबन, राजलक्ष्मी बर्तन बेचने वाली, चमकीली चूड़ी वाली सब खा-पी के नाचते-गाते, हंगामा बरपाते!...देखो, अपशकुन की सोच के-इच मेरी बायीं आँख फड़क रई!...क्या सोचते आप?

(अरमान चुप खड़ा रहता है।)

क़ुर्बान : नई मैं ग़लत बोल रहा, तो बोलो?

(अन्धकार/ईद की क़व्वाली तेज़ होती है।)

दृश्य आठ

दोपहर / घर।

मंच पर कोई नहीं है। बाहर से लाउडस्पीकर पर फ़िल्मी गाना, 'आयी मुबारक आयी है ईद' बज रहा है। मुस्कान की दो बेटियाँ **समायरा** और **आलिया** गुलाबी नयी फ्रॉक पहने आती हैं। समायरा के हाथ में एक स्टील का डिब्बा है।...

दोनों एक साथ : सबकू ईद मुबारक हो!

अम्मी : *(अन्दर से आते हुए)* मुबारक हो, मुबारक हो! *(आवाज़ देकर)* अरमान देख तो, कौन आया, ईद मिलने कू।

अरमान : *(अन्दर से)* आया अम्मी!

अम्मी : तुम लोगां बैठो! मैं आयी!

(दोनों मूढ़ों पर बैठती हैं। अम्मी अन्दर जाती है।)

समायरा : चलो अपन मशीन चलाइंगे।

(मशीन पर बैठ जाती है। चलाने की कोशिश करने लगती हैं।)

आलिया : उठो उठो! मैं चलाऊँगी!

समायरा : हट तू! वरना चोटी उखाड़ लूँगी!

(उसे धक्का मारती है। वो झगड़ा, छीना-झपटी करने लगती हैं। अन्दर से अरमान आता है।)

अरमान : अरे अरे झगड़ा काय कू कर रए? आपकी अम्मी ने सिखाया नहीं कि त्योहार के रोज़ इन्सान नहीं शैतान झगड़ा करते हैं।...वो कहानी नै सुनी आप लोगां?

समायरा : कौन-सी कहानी?

अरमान : ...एक था पोट्टा, एक थी पोट्टी, दोनों में थी पक्की दोस्ती। वो थे शरीफ़...समझदार। फूल और भौंरे सा था आपस में प्यार! कभी एक-दूसरे से नै झगड़ते। एक-दूसरे को नै नोचते। शराफ़त से डाल के हाथ में हाथ गाते-गुनगुनाते, मदरसे जाते।

समायरा : उनके नाम क्या थे ?

अरमान : पोट्टी का *(सोचने लगता है।)* समझ लो...समायरा!...

आलिया : वो हमारी समायरा-इच जैसी दिखती थी क्या?

अरमान : हाँ! समायरा ने 'उसी की' शक्ल पायी है।...

समायरा : किसकी?

अरमान : अपनी अम्मी की!

समायरा : अच्छा ठीक है...और पोट्टे का नाम?

अरमान : पोट्टे का...*(सोचने लगता है)*...पोट्टे का नाम था 'कुच्छ भी'।...हाँ 'कुच्छ भी' नाम था उसका क्योंकि वो 'कुछ भी' ही तो था।

आलिया : कुछ अजीब नाम दिख रा उसका। ख़ैर आगे?...

अरमान : एक और भी पोट्टा था–ख़राब पोट्टा, शोले खाँ जो इन दोनों की दोस्ती से जलता था। जिधर देखो आग के शोले भड़काता फिरता। वो हरदम ऐइच सोचता कि दोनों की दोस्ती में कैसे ख़लल डालूँ, कैसे झगड़ा लगाऊँ...

समायरा : फिर?

अरमान : उस रोज़ भी ईद थी। समायरा अपनी सहेली के घर जा रइ थी। रास्ते में शोले ख़ां खड़ा था। बोला, ये समायरा मेरे साथ चलेगी तो तुझे झूले पे बिठाता, फुग्गे दिलवाता। वो गधे जैसे मुँह वाला तेरा दोस्त 'कुच्छ भी' तो शराब पी के गड्ढे में गिर गया।

समायरा : *(अरमान से)* क्या उसने सचमुच शराब पी थी?

अरमान : नै।...असल में उस बदमाश ने तंबाखू के पानी में डुबो के, ईद की मिठाई है, बोल के एक पेड़ा उसे खिला दिया था। उसके बाद उसकू गड्ढे में धकेल दिया। समायरा को बेहद अफ़सोस हुआ। वो भागती हुई गयी। देखा नाली के पानी से उसके कपड़े गन्दे हो गये हैं, वो लड़खड़ाता हुआ सा चल रा है। समायरा बोली,
'तूने शराब क्यों पी?'
'तुझसे किसने कहा?'...
'इस शोले ख़ां ने।'...
'इस पे भरोसा नै करना समायरा, ये तो अव्वल दर्जे का झूठा और कमीना है।'
'मुझे झूठा, कमीना कहता है, ले गधे!
ऐसा बोल के शोले ख़ां ने उसकी टोपी खींच के नाली में फेंक देता। उसे धक्के मार कर गिरा देता। ये देख समायरा को ग़ुस्सा आ जाता। वो चप्पल निकाल के शोले ख़ां को दनादन पीटती।

आलिया : वैसे ही जैसे समायरा आपा मेरे कू पीटती? इसीलिए अम्मी कहती है, 'समायरा चोटी खींचने वाली चुड़ैल है!'

समायरा : अभी बताती तेरे कू...!

(समायरा और आलिया एक-दूसरे की चोटी, बाल खींचने लगती हैं। अम्मी सेंवई की कटोरियाँ ले कर आती है।)

अम्मी : अरे अरे! लड़ाई झगड़ा छोड़ो चलो सब लोग हँसते हुए सेंवइयाँ खाओ!

(बच्चियों का ध्यान सेंवई की तरफ़ चला जाता है। वो सेंवइयाँ खाने लगती हैं।)

समायरा : हाँ तो फिर क्या हुआ?

अरमान : फिर उन्हें झगड़ता देख वहाँ पे एक बड़े पीर, जिनकी ये लम्बी सफ़ेद दाढ़ी और बाल थे,–आसमान से नमूदार हुए

–‘अरे त्योहार के दिन झगड़ने वाले बच्चो! मैं तुम्हें इन्सान से इसी दम शैतान बनाता हूँ।’

समायरा : *(कुछ डर कर)* अच्छा?

अरमान : पीर साहब ने तीन दफ़ा चुटकी बजायी! चट-चट-चट! दोनों जिगरी दोस्त और शोले ख़ां देखते ही देखते शैतान बन गये। ये बड़े-बड़े नुकीले दाँत उनके! लम्बे-लम्बे नाख़ून! पाँव टेढ़े!...वो क्या करते, कहाँ जाते?...

समायरा : ये तो बड़ी रोने वाली कहानी है।

आलिया : फिर?

अरमान : फिर जब अच्छी पोट्टी और उसके अच्छे दोस्त के वालिदैन ने उनसे पाँच दिनों तक पाँच दफ़े की नमाज़ पढ़वाई तब जाकर वो इन्सान हुए।

आलिया : और शोले ख़ां?

अरमान : उसने नमाज़ पढ़ने से इनकार कर दिया और शैतान बना रहा। कहते, वो आज भी दुनिया में भटक-रा है। क्योंकि उसने त्योहार के रोज़ झगड़ा किया था।

आलिया : या अल्लाह! अब से झगड़ा नै करती मैं।

समायरा : मैं भी चोटी नै खींचूँगी!...किसी को नै नोचेगी मैं।

अम्मी : अच्छा छोड़ो शैतान की बातां। ये बताओ, तुम लोगां अम्मी कू काय कू नै लाये?

आलिया : अम्मी घर से निकलते-इच नै। हम लोगां ही भाग-भाग के सब सामान लाते।

समायरा : दाल, शक्कर-चाय पत्ती। नानी के लिए बीड़ी!

अरमान : काय कू नै निकलते तुम्हारी अम्मी?

समायरा : नै मालूम! सुबो-सुबो हम लोगों को नई फ्रॉकें पहना के, शीर-कोरमा देके बोले, ‘अरमान दर्ज़ी कू दे के आओ!’

अरमान : अच्छा ऐसा बोली! *(स्वगत)* या अल्लाह! मेरा नाम उसकी ज़ुबान पे आया! मेरी ईद मुबारक हो गयी! *(बच्चियों से)* मेरा

भी शुक्रिया बोलना उनको। और कुच्छ बोली क्या...?... मतलब कुच्छ और...?

समायरा : और कुच्छ तो नै बोली मगर मैं उनकू बोली, 'अम्मी आज ईद है। अब्बा होते तो हमें फ़िलिम दिखाने कू ले जाते। आप ले चलो ना?' तो चिल्लाने लगीं, 'हर बात में अब्बा अब्बा। उन्हीं के साथ काय कू नै चली गयीं तुम लोगां भी।'...और फिर फूट-फूट के रोने लगीं...

अरमान : ओ हो! त्योहार के दिन रोना ठीक नै होता।

समायरा : बहुत चिड़चिड़ करते अम्मी! नाम मुस्कान, मगर सूरत पे कभी मुस्कान आती-इच नै।

आलिया : आप हम लोगों को फ़िलिम दिखाने ले जाते क्या? प्लीज़!

(अरमान चुप रहता है। दोनों ज़िद करने लगती हैं।)

अम्मी : खड़ा क्या है! इतना कै रई हैं तो ले जा। आज ईद का दिन है, सनीमा हॉल में काफ़ी भीड़ होगी, जा के टिकट ख़रीद फटाफट। चाहे तो 'उसकी' भी एक टिकट ले लेना। ...जाओ तुम लोग अम्मी को लो और 'पैलेस टाकीज़' पहुँचो। वहीं लगी है सलमान खान की फ़िलिम, 'ईद मुबारक़'...!

समायरा : अम्मी आने से रहीं। फिर हम किसके साथ जाइंगे? नानी को तो पैलेस टाकीज़ का रास्ता-इच नै मालूम।

अम्मी : तब तुम अपनी नानी के साथ सीधे यहाँ कू आ जाओ...हम तुमको सनीमा हॉल तक छोड़ आयेंगी। हम लोगां की आँखें भी ईद की रौनक देख लेंगी।...सई है ना अरमान?

(अरमान सिर झुकाये खड़ा रहता है।)

अम्मी : कुच्छ बोलिंगा? अरे हौले, ईद उम्मीदें जगाने का त्योहार है, शैतान को याद करने का नहीं।

(अरमान ख़ामोश खड़ा रहता है। अन्धकार/क़व्वाली तेज़ होती है।)

दृश्य नौ

अरमान का घर / कुछ देर बाद।

मंच ख़ाली है। अम्मी मशीन चला रही हैं। बाहर से आवाज़ आती है, 'राशिदा बी! दोबारा से ईद मुबारक!'

अम्मी : *(ख़ुशी से)* मुबारक सलमा! आ जा। आ जा! *(सलमा आती है। उसे अकेला आया देख अम्मी चौंकती हैं।)*

अम्मी : क्या हुआ? अकेली-इच आयी? पोट्टियाँ कां हैं?... *(पगलायी सी एक साँस में बोलती जाती है।)* मुस्कान ने उनकू अरमान के साथ फ़िलिम जाने से रोक दिया क्या?... बिचारा अरमान टिकट ले के खड़ा होईंगा।...अरे उसकू नै जाना था तो कम से कम पोट्टियों कू तो जाने देती।...ये मुस्कान कू क्या हो गया आजकल। पत्थर दिल होती जा-रइ।...ज़िन्दगी ऐसे ख़ुद को घर में क़ैद करके कटती क्या? तानों के डर से अपनी ख़ुशियों का क़तल क्यूँ करना?... जनानियों की भी ज़िन्दगी होती है। ये मत सोचे वो कि उसकी परवा करने वाला कोई नहीं। *(कुछ पल की ख़ामोशी के बाद)* तुमने मुझसे जित्ते भी पैसे उधार लिए सब अरमान-इच देता था...ये मालूम होते हुए भी कि चवन्नी भी वापस नै आयेगी।

सलमा : क्या बातां कर रई राशिदा बी! अल्लाह चाहा तो हमारे भी दिन फिरिंगे। तब हम पाई-पाई चुका देंगे। हमकू भी सूरत दिखाना है ऊपर जाके।

अम्मी : अल्लाह तेरी सूरत देखने से भी गुरेज़ करिंगे सलमा। तू ही उस दिन फुदकती हुई आयी थी–'राशिदा बी ख़ुशियाँ मनाओ! मुस्कान का निकाह तै हो गया है।'...सारा क़ुसूर तेरा है।

सलमा : अरे तो क्या करती मैं? लँगड़ी मुस्कान से शादी कौन करता।...फ़िल्मी हीरोईन 'रेखा' जैसी दिखती है सुन के कुछ शरीफ़ लोगां पोट्टी को देखने भी आये। मगर जब वो लँगड़ाती हुई चाय की तश्तरी ले के आयी तो...*(सुबकने लगती है)*... किसी ने मुस्का के, किसी ने अफ़सोस से, तो किसी ने तंज़ से बोला, 'इस कचरे कू घर ले जा के क्या करेंगे! आप ही सम्भाल के रखो!'

अम्मी : कहना था, 'कमबख़्तों, मुस्कान के हाथ-पाँव नै, उसका मासूम दिल, तेज़ दिमाग़, उसके हुनर, चेहरे से टपकता उसका नूर देखो।'...तेरी जगह मैं होती तो चूतियों को जूतियों से मारती।

सलमा : मैं भी एक को मारी थी। वो गली-मोहल्ले में बताता घूमने लगा, 'सलमा के घर कू लड़की देखने कोई भी न जाये। वो लँगड़ी लड़की दिखाते, इनकार कर दो तो चप्पल मारते'... मेरा तो दिमाग़ ही काम नहीं कर रा था उन दिनों। सो के उठूँ तो चक्कर आये। उठ के बैठूँ तो जी घबराये। शुगर, बी.पी. सब बढ़ गया। बाज़ दफ़ा सलवार में ही पेशाब कर बैठती। रात-दिन यही सोचती, ख़ुदा न ख़ास्ता मेरे कू कुछ हो गया तो अपाहिज मुस्कान का क्या होंगा?...लड़की कुँवारी रह गयी तो?

अम्मी : तुझे लड़कियों के कुँवारी रहने की बड़ी फ़िकर रहती है। अरे कुँवारी रह जाती तो कोई पहाड़ नहीं टूट पड़ता, बारहवीं पढ़ी है, कहीं नौकरी कर लेती, सिलाई कर लेती मगर किसी शैतान के पल्ले तो न पड़ती।...*(याद करते हुए)* पालने से मैंने उसे जब उठाया था, तो वो मुसकाई थी और तभी-इच मैंने उसका नाम मुस्कान रखा था। क्या मालूम था कि उसकी उमर रोते-रोते कटेगी।

सलमा : *(सुबकती हुई)* मुझे कुछ नै मालूम था बड़ी बी! उस वक़्त मैंने बस यही सोचा, रऊफ़ छै महीने कुवैत, छै महीने हिन्दुस्तान रह कर तिजारत करता है। मौलवी साहब से भी उम्र को लेकर मशवरा किया था। वो बोले, 'मर्द की उम्र नै, दौलत-हैसियत देखी जाती है।'...हमें बाद में पता चला कि उस कमीने रऊफ़ की कुवैत में दो बीवियाँ और चार बच्चे हैं। वह तो सिर्फ़ अपने बुड्ढे माँ-बाप की ख़िदमत के लिए यहाँ एक और निकाह कर रा है।

अम्मी : ख़ैर जो हुआ सो हुआ। चल, अभी-इच मुस्कान से मिलना है मेरे कू। ज़रूरी बात करनी है।

सलमा : इस समय तो वो घर पे नहीं मिलेगी।

अम्मी : घर पे नहीं मिलेगी, मतलब? तुम तो बोले वो घर से बाहर नै निकलती। फिर गयी कहाँ?

सलमा : फ़िलिम देखने गयी उने!

अम्मी : *(हैरत से)* फ़िलिम देखने? किसके साथ?

सलमा : अरमान टैक्सी लेकर आया था। बच्चियाँ उसे खींच के ले गयीं।

(अम्मी के चेहरे पर मुस्कान बाहर से क़ुर्बान आता है।)

क़ुर्बान : अम्मी बहोत भूख लग रई।...मीठे चावल दो तो। और कटोरा भर के सेंवई...

अम्मी : एक शर्त पर! पहले पिक्चर की दो टिकिटां ला के दे। तेरी तो टिकिट ब्लेक करने वाले लौंडों से पहचान है।

क़ुर्बान : ला दूँगा मगर किसके लिए? मैं तो सबेरे का शो देख के ही आ रहा हूँ।

अम्मी : मेरे और सलमा के लिए। ऐसा तो नहीं लिखा है कहीं कि ईद के दिन लेडीस सिर्फ़ कबाब-इच तलते बैठें! अरे हम फ़िलिम नै देख सकते क्या? क्या बोलती सलमा?

(अम्मी और सलमा हँसती हैं।)

(अन्धकार/शहनाई की आवाज़। गाने की आवाज़, 'जेजम डाल दो बन्नी, चौसर खेलेगा बन्ना...!')

दृश्य दस

अगला कोई दिन। रेडियो पे 'इशारों इशारों में दिल देने वाले' गाना बज रहा है। लाइट्स फ़ेड इन होती हैं। अरमान मैथ टीचर को उसका कोट पहना रहा है जिसकी बाँहें लग चुकी हैं। अम्मी वहीं बैठी एक बर्तन में हाथ से दही फेंट रही है। टीचर कोट की फ़िटिंग देख कर ख़ुश हो जाता है।

मैथ टीचर : ये लो तुम्हारी स्टीचिंग चार्ज। पूरा थ्री थाउज़ंड! बच्चों के फ़ैंसी ड्रेस के कपड़े अच्छे सिले थे। उनको फ़र्स्ट प्राइज़ मिली थी। उसका टू थाउज़ंड ऊपर से! दैट मीन्स थ्री थाउज़ंड प्लस टू थाउज़ंड इज़ ईकवल टू...?

अरमान : आप ही बताओ!

टीचर : फ़ाइव थाउज़ंड! कोट देर से सिले मगर फ़िटिंग-टेन आउट ऑफ़ टेन!

(ख़ुशी में मटकने लगता है। अरमान पैसे लेता है। गिनने लगता है।)

अम्मी : क़ुर्बान को फेल तो नै करोगे इस साल?

टीचर : डोंट वरी! हम उसको फ्री में ट्यूशन देगी! अक़्ल प्लस नकल, दोनों चला के पास करवायेगी।

(जाता है)

अरमान : ये आप क्या खटर-पटर कर रै अम्मी?

अम्मी : मुस्कान बड़े तल रई है। मैंने कहा, मैं दही फेंट देती हूँ।

अरमान : बोले तो दही-बड़े बनिंगे आज।

अम्मी : हओ! अपनी मुस्कान मसाले भोत ज़बरदस्त बनाती। सुबो से परेशान कर दिया...

(मुस्कान की आवाज़ की नकल करती हुई) 'अम्मी जी, दाल-चीनी कहाँ है?' वो निकाल कर दी, फिर आवाज़ आयी, 'मोटी इलाइची कहाँ है? दगड़ फूल कहाँ है...?' मगर जब उसने धनिया, लहसुन, प्याज़ और तीखी मिर्ची मिला के मसाला पीसी तो ख़ुशबू...

अरमान : उड़ कर मेरे कने भी आयी। नाक लाल और हाल बेहाल हो उठा।

(दोनों हँसते हैं)

अरमान : *(अन्दर की तरफ़ चिल्ला के)* बेग़म सुन रै! एक कप चाय पिलाते क्या? आप बना के लाओगी या ख़ादिम आ के बना ले?

(अन्दर से मुस्कान की आवाज़–'लायी जी! अब्भी-इच लायी!' अरमान मशीन के पुराने बेल्ट को निकाल कर नया बेल्ट लगाने लगता है।)

अम्मी : आज मुस्कान ने तेरी सिली हुई गुलाबी रंग की सलवार-कुर्ती पहनी है। ऐसा लग रहा मानो रसोई में गुलाब का फूल खिल गया है।

अरमान : तभी तो मैं कहूँ गुलाब कि ख़ुशबू कहाँ से आ रइ है!

(हँसता है। बाहर से क़ुर्बान आता है। हाथ में मोबाइल है।)

क़ुर्बान : भाईजान ये लो आपका मोबाइल।

अरमान : *(ख़ुशी से)* अरे ये कैसे मिला?

क़ुर्बान : ये मोबाइल आपके लिए काफ़ी अहम है, जज़्बाती है, जानकर मैं कई दिनों से परेशान था–मोबाइल वापस आये तो आये कैसे ?...ये भी फ़िक्र थी कि भाभी जान ने किसी रोज़ आपको दिये तोहफ़े, इस मोबाइल के बारे में पूछ लिया तो आप क्या जवाब देंगे? झूठ बोलेंगे नै, सच्चाई बताएँगे तो

उनके दिल को धक्का लगेंगा और भाभी की नज़रों से गिर के मैं ज़मीन में धँस जाऊँगा।...

अरमान : *(चिढ़कर)* अबे मिला कैसे ये बता?

अम्मी : उस पे काय कु चिढ़ रा तु! एक तो बेचारा जूते खाकर तेरा मोबाइल लाया, और तू है कि...। *(क़ुर्बान से)* बेटा लगी तो होंगी...तख़्त पे लेट जा, मैं तेल की पोटली बना के सेंक देती तेरे कू। हाय हाय, कमबख़्त वो उल्फ़त, जूते भी घोड़े की नाल लगे पहनता है।

क़ुर्बान : अम्मी! जूते खाएँ मेरे दुश्मन...तुम क्या सोचती हो वो मुझे जूते मार सकता है, वो भी गुलफाम के आगे?

अरमान : *(झल्ला कर)* चाय का क्या हुआ मुस्कान?

(अन्दर से मुस्कान की आवाज़ आती है–'बस जी! शक्कर डाल दी है। छान के लाती जी पाँच मिनट...'

अम्मी : क्या-क्या करेगी अकेली जान।... मैं देखती।

(दही का बरतन उठा कर अन्दर जाने को होती है।)

क़ुर्बान : सुनती जाओ अम्मी...मैं इंटर के इम्तहान में भले फेल हो जाता हूँ, मगर ज़िन्दगी में नहीं। *(अम्मी रुक जाती है।)* वो नरम दिल पोलिसवाला है ना कल्लन खाँ...मुझे मालूम था उनको खजूर बहुत पसन्द है...मैं आधा किलो खजूर ले के हुज़ूर के दरबार पहुँच गया...!

(अन्धकार/मज़ेदार संगीत।)

फ़्लैश बैक

एक स्पॉट लाइट जलती है।

कल्लन पोलिसवाला एक स्टूल पर बैठा कान साफ़ कर रहा है। क़ुर्बान उसके पाँव के पास बैठा उसे एक-एक खजूर खिला रहा है। कल्लन चबा रहा है।

कल्लन : मगर तूने पोट्टी को मोबाइल दिया ही क्यूँ बैगन के?

क़ुर्बान : आपने कभी इश्क़ किया क्या?

कल्लन : किया! बहुत बार इश्क़ का भूत चढ़ा मेरे ऊपर!

क़ुर्बान : माशूका को गिफ़्ट दिये आप?

कल्लन : दिये ना! कंगन, झुमका....शरारा-ग़रारा!

क़ुर्बान : मोबाइल दिये?

कल्लन : उस ज़माने में मोबाइल किदर था पोट्टे?

क़ुर्बान : होता तो देते?

(कल्लन चुप)

क़ुर्बान : कल्लन चचा!...अगर होता और पोट्टी को ज़रूरत होती तो आप ज़रूर देते! बोलो, हाँ की ना?

(कल्लन हाँ में सिर हिलाता है। अन्धकार। फिर मंच के दूसरे हिस्से में स्पॉट लाइट जलती है। उल्फ़त का घर। कल्लन पोलिसवाला डंडा बजाते आता है। चिल्लाता है।)

कल्लन : उल्फ़त मियाँ कहाँ हैं? बाहर आ बदमाश!

(उल्फ़त स्पॉट लाइट के घेरे में आता है।)

उल्फ़त : ज...ज...जी जनाब? बोलिए?

कल्लन : तुम्हारे नाम गिरफ़्तारी का वारंट है मियाँ।

उल्फ़त : *(घबरा जाता है)* वारंट...ऐसा क्या करा मैं?

कल्लन : मोबाइल किडनेप किया तू। *(दाँत किचकिचा के)* और उसकू वापिस करने की शर्त क्या रखा!...एक शरीफ़ लौंडे को उसकी माशूका के आगे जूते मारना।...ऐसे तालिबानी फ़रमान दे रा तू? पक्का तेरा समुन्दर के अफ़ग़ानिस्तानी लुटेरों के साथ सीधा वाई-फ़ाई कनेक्शन है।

उल्फ़त : *(घबराया हुआ सा)* हवलदार हुज़ूर! अल्लाह क़सम मेरा तालिबान अफ़ग़ानिस्तान से कोई कनेक्शन नै।

कल्लन : तो फिर बलूचिस्तान, पाकिस्तान से होगा!

उल्फ़त : जनाब वहाँ मेरी दादी रहती थी उसका भी इन्तक़ाल बरसों पहले हो चुका है।

(कल्लन हथकड़ी निकालता है।)

कल्लन : जो कहना है पोलिस स्टेशन चल के! उदर तेरे को उल्टा लटका के पट्टा से तेरा पिछवाड़ा सेंकेंगा मैं! हाथाँ इधर कर! कंगन पहन!

उल्फ़त : अरे नै हुज़ूर बेकार में मेरे को...देखो यहीं कुछ ले दे के केस रफ़ा-दफ़ा कर दो।

कल्लन : रिश्वत की पेशकश करता तू!

उल्फ़त : नै हुज़ूर, मैं तो सिर्फ़ आपकी इज़्ज़त-अफ़जाई करना चाहता!

कल्लन : ठीक है! तो फिर निकाल मोबाइल और अरमान अली, उसकी अम्मी और भाई को दिमाग़ी तौर पर परेशान करने के एवज़ में नक़द दस हज़ार!

उल्फ़त : दस हज़ार! इत्ते तो नै हैं मेरे कने।

कल्लन : अरे तो कित्ते हैं, बोलेंगा?

उल्फ़त : *(जेब से नोट निकालते हुए)* पाँच हज़ार हैं हुज़ूर! और ये रहा मोबाइल।...कल-इच पाँच सौ का रिचार्ज कराया मैं।

कल्लन : *(कल्लन उसे बेंत मारते हुए।)* गधे! आइन्दा ऐसी ग़लती नक्को करो नै तो दस साल सड़ाऊँगा जेल के अंडा सेल में! सड़े अंडे खाते पड़े रहना उधर!

(उल्फ़त डर से काँपने लगता है। स्पॉट लाइट बन्द होती है। मंच पे प्रकाश आता है। अरमान और अम्मी हँसते हैं।)

क़ुर्बान : चार हज़ार कल्लन रख लिया, एक मुझे दिया! *(झोले से बोतल निकाल कर)* ये लो आप दोनों के वास्ते खंबा और पटलू ख़ां का स्पेशल चखना!

अरमान : अरे अरे! हौला *(पागल)* है क्या...? ये काय कू लाया!

अम्मी : फ़ौरन 'कचरा-कुंड़ी' में फेंक के आ। मुस्कान चाय ले के आती-इच होगी।

(क़ुर्बान बोतल झट से झोले में डालता है।)

अरमान : बेहतर हो, उल्फ़त मियाँ के दरवाज़े पर रख के आजा! सदमे में होंगा बेचारा। दो घूँट पिएँगा तो चैन मिलेंगा! *(हँसता है। जेब से नोट निकाल कर देते हुए)* और तू मोबाइल लाया ये तो ठीक किया मगर पैसे ऐंठे ये गुनाह है। जा के ये पाँच हज़ार लौटा आ।

क़ुर्बान : भाईजान रुपये क्यों लौटाने का?

अरमान : *(मुस्का कर)* हो सकता है तेरी ईमानदारी देख वो गुलफ़ाम का हाथ तेरे हाथ में दे दे। अम्मी के दिन अच्छे चल रये, हो सकता दूसरी बहू भी आ जाये!

अम्मी : और सुन! शराब इस घर में अब दोबारा कभी नै आएँगी। उसकी अब हमें कोई ज़रूरत नै! क्यों अरमान?

अरमान : *(मुसकाता है)* जी अम्मी! *(आवाज़ देकर)* मुस्कान! तुम्हारी मुस्कान घुली चाय अब तक नै आयी? बेग़म तुमकू आज कपड़ों की कटिंग भी सीखनी है।

क़ुर्बान : गला कैसे काटना बोल के, जेबें कैसे कतरना बोल के।

अरमान : *(हँस कर)* कल तुमने पलटू पैलवान की जेबाँ टेढ़ी काटी थीं।

(सब हँसते हैं। अन्दर से मुस्कान की आवाज़ आती है, 'अभी लायी जी! प्यालों में ढाल ही रही हूँ!...एक मिनट में आयी!')

(सब मुस्कान का इन्तज़ार करने लगते हैं। तभी रसोई से कुछ गिरने की आवाज़ आती है।)

अम्मी : या अल्लाह!...

अरमान : क्या हुआ मुस्कान?

(अन्दर से मुस्कान की आवाज़, 'कुछ नै जी! चाय की ट्रे, हाथ से फिसल गयी।'...अम्मी तेज़ी से अन्दर जाती है। फिर एक-एक कर अरमान और क़ुर्बान भी... । कुछ ही पल बाद बाहर से सलमा घबराई हुई सी आती है।)

सलमा : बड़ी बी!...बड़ी बी! घर पे हो?

(अम्मी अन्दर से आती है।)

अम्मी : सलमा क्या हुआ, घबराई हुई क्यों है?

(सलमा उसके कान में कुछ कहती है। अम्मी के चेहरे पर ग़ुस्सा उभरता है। वो सलमा के साथ तेज़ी से जाती है।)

(अन्धकार। तनाव भरा संगीत)

दृश्य ग्यारह

अरमान बैठा सिलाई कर रहा है। अम्मी बाहर से आती है।

अरमान : अरे अम्मी! आप ऐसे कहाँ चले गये थे अचानक से?

अम्मी : मुस्कान किदर है?

अरमान : गर्म चाय गिरने से हाथ में दो छोटे फफोले पड़ गये थे। मुस्कान ने कहा, 'नीली स्याही लगा लेती मैं!' क़ुर्बान ने कहा, 'लापरवाही ठीक नै भाभी!' डाक्टर कने ले के गया। मगर आप किदर से आ रै हो?

अम्मी : सलमा आयी थी। उसने बताया कि रऊफ़ आया हुआ है। अजीब-अजीब बातां कर रा है। उसी से मिलने गयी थी।

अरमान : अच्छा! क्या कह रहा था कमीना?

अम्मी : कहने लगा, 'बड़ी बी! एक अर्ज़ है, अरमान ने मुस्कान से निकाह तो कर लिया है ना?' मैंने कहा, 'हाँ बाक़ायदा! मौलवी के सामने!' तो कहने लगा, 'ये बड़ा अच्छा हुआ! आप सब को शादी मुबारक!...अब आप उससे बोलो कि मुस्कान को तलाक़ दे दे। मैं उसे दोबारा क़ुबूल करना चाहता हूँ। अल्लाह क़सम! मेरा काम करा दोगी तो पचीस हज़ार नक़द दूँगा।' उसकी अम्मी बोली, 'नये कपड़े भी देंगे, सब-कू!'

अरमान : ऐसा बोले उने? एकदम दोगले-इच हैं!...आपने क्या कहा?

अम्मी : जल्लादों का घर, वहीं ये 'करामाती' चाकू पड़ा था।

(एक चाकू फ़र्श पर फेंकती है।)

अरमान : *(चौंकता है।)* चाकू!...आप उसे मार डाले क्या?

(अम्मी मुसकाती है।)

अम्मी : तौबा तौबा! मैं ऐसा गुनाह काय कू करेगी। मैंने तो बस इस चाकू की तरफ़ देखा, फिर रऊफ़ की तरफ़ देखा! फिर चाकू की तरफ़ फिर उसकी तरफ़...वो डर गया! सिर पर पाँव रख कर बाहर भागा और...

अरमान : और क्या...?

अम्मी : घर के सामने एक खुला हुआ गटर था, उसी में गिर गया! लोग चिल्लाये। झाँक कर देखा मगर वो बज-बजाते गन्दे नाले में बह चुका था!

(अरमान को झटका सा लगता है)

अरमान : फिर?

अम्मी : लोग भागते हुए नाले के मुहाने पे पहुँचे। लौटते वक़्त मैंने देखा, कीचड़ से लथपथ उसके जिस्म को जमादारों ने बाहर निकाल लिया था मगर उसमें जान नै थी।

अरमान : *(चौंककर)* बोले तो वो मर चुका था?

(अम्मी हाँ में सिर हिलाती है। अरमान बुदबुदाते हुए दुआ करता है)

अरमान : इन्ना लिल्लाही व इन्ना इलैही राजिऊन!*

(अम्मी अरमान के कन्धे पर हाथ रखती है।)

---

*अर्थ : यक़ीनन हम अल्लाह के हैं और उसी के पास हमें लौटना है।

अम्मी : ख़ुदा कई बार पेचीदे मसलों को ख़ुद-इच निपटा देता है।

(दोनों ख़ामोश खड़े रहते हैं। अरमान झाड़न लेकर फिर सफ़ाई करने लगता है। समायरा, आलिया अन्दर से स्कूल ड्रेस पहने आती हैं।)

समायरा : *(अरमान से)* अब्बू हम लोगां स्कूल कू जा रै।

आलिया : पप्पी-झप्पी तो दो।

(दोनों बच्चियाँ अरमान की पप्पी लेती हैं। अरमान उनके सिर पर हाथ फेरता है।)

अरमान : जाओ मेरी शहज़ादियो! अल्लाह तुम्हें तालीम की ऊँची, बोले तो भौत ऊँची सीढ़ियाँ चढ़ाए।

(वो जाती हैं। मस्जिद से अज़ान शुरू होती है जो तेज़ होती जाती है। धीरे-धीरे अन्धकार)

समाप्त

❑❑